WENXUE
JIA
DEGUSHI

文学家
的故事

韩玉◎编著

WENXUEJIA
DEGUSHI

蓝天出版社
Blue Sky Press

图书在版编目(CIP)数据

文学家的故事／韩玉编著 . —2 版 . —北京:蓝天出版社,2010.8 (2012 年 5 月重印)

ISBN 978 – 7 – 5094 – 0438 – 6

Ⅰ.①文… Ⅱ.①韩… Ⅲ.①故事 – 作品集 – 中国 – 当代 Ⅳ.①I247.8

中国版本图书馆 CIP 数据核字(2010)第 148681 号

责任编辑:薛虹
封面设计:古彩艺术设计工作室
插图绘制:文鲁工作室

出版发行:蓝天出版社
社　　址:北京市复兴路 14 号
邮　　编:100843
电　　话:66983715
经　　销:全国新华书店
印　　刷:北京市业和印务有限公司
开　　本:16 开(680mm ×960mm)
字　　数:188 千字
印　　张:14
印　　数:5000—10000 册
版　　次:2011 年 1 月第 2 版
印　　次:2012 年 5 月第 5 次印刷

定　　价:28.00 元

前　言

人生如虹,世事似锦。

虹的出现,需要符合光学原理,属于自然现象;锦的存在,则既有自然状态下的七色华丽,也有人文精神的光芒普照。二者虚实同根,交相辉映。

人才的成长需要内因和外因的共同作用,犹如彩虹的形成,只有具备了在空中积聚起小水珠的条件,才能经日光照射发生折射和反射作用而拱起那绚丽的英姿;世事是由人类的活动构成的。自人类存在以来,不分种族肤色,世世代代都以勤劳的智慧、英勇无畏的本色,推动着人类的生存和发展,不断创造着物质世界和精神世界,并由此构筑了人类五彩缤纷的文化广宇。

在人类曲折漫长的历史进程中,涌现出了无数的政治家、科学家、军事家、文学家、艺术家、企业家等等耀目如虹的群体。正是因为有了他们的杰出作为和不朽的贡献,人类社会才异彩纷呈、锦绣绵延。

翻开人类的历史,战争与和平交替而进,科学成就和人文精神不断生发与共享。一代又一代后人,无不吸吮着前辈的智慧而获得更高的生存本领,并在传承创新中推动着历史的车轮向前发展。

追根溯源，人类的发展壮大须臾离不开学习和创造。无论是学习理论还是学习实践，都离不开前人的智慧结晶，离不开前人为后人留下的人生足迹。从励志的角度上讲，前人所获得的任何一项成就的过程，其本身就是一部精工毕至的教科书，对于立志成为对人类有所贡献的人们来讲，那是取之不尽用之不竭的智慧源泉。

部队是人才成长的摇篮。年轻的基层官兵是国家人才库的强大后备力量。为了帮助基层官兵扩大阅读范围，并在阅读中不断增进学习兴趣，为人才成长助一臂之力，我们编辑出版了这本汇集了古今中外各方杰出人才的故事书。希望大家在阅读中心有所悟、学会所得、用有所成。

最后，特别提醒读者朋友，书中所用插图大部分与书中文字内容并无关联，目的只是为了调节大家的阅读情绪，在此特作说明。

编者

2011 年 1 月

目　录

第一章

"童话大王"安徒生

第二章

"文学巨匠"高尔基

第三章

"幽默文豪"马克·吐温

第四章

"文坛泰斗"海明威

第五章

"文学巨擘"托尔斯泰

第六章

"浪漫主义"诗人普希金

第七章

文学天才巴尔扎克

第一章

"童话大王"安徒生

◉ 童年时代

1805 年 4 月 2 日,汉斯·克里斯蒂安·安徒生诞生在丹麦富恩岛上的欧登塞城。父亲汉斯·安徒生是一个长年与破皮子、锤子、锥子为伍的鞋匠,终日劳作却依然食不果腹、衣不遮体。母亲安娜·玛丽亚比父亲大几岁,一个受尽生活煎熬的洗衣妇。祖父精神失常被送进疯人院里,祖母到疯人院当帮工,还经常由于生活所迫而到街头乞讨。

就在这样的环境里,安徒生慢慢地长大了。虽然家徒四壁,但安徒生毕竟是这个家庭中唯一的孩子,大人们总是在力所能及的范围内悉心地照料和关怀他。

即使父母亲终日为生活操劳得疲惫不堪,却仍然会时时放下手中的活

计,陪小安徒生到郊外玩耍。星期天父亲常带他到树林里去,但经常是说话不多,只静静地坐着冥思苦想。

此时的安徒生还不懂得生活的艰辛,也从未注意父亲为生活所累而紧锁的双眉和母亲忧郁的眼神。他全身心地投入到大自然的怀抱之中,小小的心中装的都是蔚蓝色的天空、悠闲的白云和郁郁葱葱的树林。他在树丛中、草地上四处乱跑。因为树林里遍地长着雪白的白头翁和黄色的九轮草,树也比庭院里的醋栗树丛高,所以安徒生总像一个快活的小精灵一样,一会儿在树林中聆听小鸟宛转悠扬的歌唱、一会儿在花丛中看蜜蜂、蝴蝶尽情地起舞;要么就把杨梅串在一根苇草上或者编一个大花环,仿佛万事万物都是他的朋友和伙伴。

当然,他最喜欢的地方是城中的那条小河。他常和父亲踏着夕阳来到河边,河水总是那么清,还有三三两两的野鸭、天鹅欢叫着游来游去。如果碰巧的话还会看见无数的小鳊鱼在水退后的沙滩上挣扎,任你去抓。

当每年五月间树林呈现一片新绿的时候,母亲玛丽亚还会穿上仅仅在参加圣餐仪式时才穿的一件棉布长袍跟他们一同去郊外踏青。返回时小安徒生帮着母亲从树林里带回家许多新鲜的山毛榉树枝,并把它们插在光滑的石头后面,青葱的枝叶装饰着小小的空间。

绿树繁花、碧水晴空不仅装饰了安徒生那简陋的家,更装饰了他幼小的心灵。对于天,他成了一只飞翔的鸟;对于水,他成了一条自由的鱼；对于山，他成了一棵枝繁叶茂的树；对于花，他成了翩翩起舞的蝶。这种热爱自然的天性从幼年时就深植在他心中，对他今后的人生旅途和创作都产生了重大的影响。

安徒生的父亲并不是一个安于现状的鞋匠，他的心思不在做鞋、修鞋、补鞋上。手里的活计经常从手中滑落下来，因为他又沉浸在自己的幻想中了。他经常幻想能够走进宽敞而明亮的教室读书，还幻想有一天坐着大帆船到世界各地旅行。但他始终没有把这些幻想变成现实。于是，他把希望寄托在小安徒生身上。他尽量满足儿子的心愿，因为儿子占据着他的全部心灵。他热爱文学，于是经常在忽明忽暗、闪烁不定的油灯下，一边做活一边给小安徒生讲荷尔堡的戏剧和《一千零一夜》的故事，小安徒生就慢慢地在父亲的讲述中进入梦乡。但那些神奇的故事已经使他插上了幻想的翅膀，常常引得他即使在梦中还浮想联翩。当然，小安徒生的幻想是属于自己的，和父亲的大不相同。他经常梦见黑眼珠的少女在面纱下神秘地微笑，还梦见恶魔以及长满奇异花草的漂亮的花园。

小安徒生是个性格比较内向而敏感的孩子，无论在学校还是在家里他都很少主动和别的孩子一起玩。后来，由于受到富人家孩子的欺侮和无端的谩骂，他就更不愿与别的孩子交往了。但他并不寂寞，他也不喜欢有人到他家串门聊天，他把自己的热情投入到幻想中去，在逍遥自在、海阔天空的幻想中找到了一份属于自己的天地。

冬天来到的时候，不能跑到外面的树林、草地上去编织白日梦了，小安徒生就把一枚铜钱放在炉子里烧红，然后把它贴在结了冰的窗户上，透过那透明的小孔看外面晴朗的天空，看一群群无精打采的小麻雀栖在白杨树光秃秃的枝条上。一边看一边幻想春天来到的样子。

他家的隔壁住着一个名叫丽丝别达的小姑娘。她也是一个爱幻想的小家伙,能把一段木头想象成一匹能把成袋面粉驮到磨坊去的驴子。所以,丽丝别达从不嘲笑小安徒生,反而总是津津有味地听他讲自己编的故事。但后来丽丝别达的奶奶把她带到乡下去了。此后,再也没有谁听小安徒生天马行空地乱编故事了。

心灵手巧的父亲怕自己的独生子太孤单,于是有一天,他突然坐到工作台旁,开始刨一块木头,他决定为儿子做几个玩具木偶。

"咱们就要有演员、有舞台、有幕布了!"他对小安徒生说,"你去向妈妈要些没用的碎布,给演员缝几件衣服吧!"

虽然这些木偶做得很粗糙,却乐坏了小安徒生。他到妈妈和奶奶那里找来碎布片给这些木偶缝制了花花绿绿的衣服。木偶一个个地穿得漂亮起来了。当然,有时一只袖子要比另一只袖子短一点。但他的"国王"得到一顶真的金箔王冠和一把木剑,并且为了他的"王后",奶奶还拿出了一块在她记事以前就保存下来的最漂亮的丝质布头。

小安徒生还凭借想象给这些本没有生命的小木偶赋予了人的灵魂,让他们装扮英俊的王子、善良美丽的公主、勇敢的士兵、恐怖的巫师、勤劳的农民……并用这些自制的木偶组成了一个"傀儡戏班"。父亲也从书架上拿下荷尔堡的书,和小安徒生一起兴致勃勃地在自己的剧

场里,一幕又一幕地演戏。小安徒生能毫不费力地将整幕整幕的台词背得滚瓜烂熟,而且很快就能给所有登场的人物念台词。后来,他还自任编剧和导演,演出各种各样的节目。当然,观众少得可怜,经常是只有自己和父亲自娱自乐,而且,在父亲心情不好时,他只能一个人沉浸在自己编的故事里,但他却乐此不疲。

小安徒生终日沉醉在演戏之中,并且结识了一个在剧院里发节目单的彼得·空凯尔。小安徒生每天从他那里弄到一份节目单。然后小安徒生就拿着节目单独自坐到一个角落里,根据这出戏的名称和角色,设想全部剧情。有一次,小安徒生得到一张《著名侠盗阿别林诺》五幕剧的节目单,他极力想象着这个神秘的侠盗的种种惊险的遭遇,以至于很长时间陶醉其中而不能自拔。

不仅如此,小安徒生还经常跑到奶奶那里去,听她或其他的奶奶们讲古老的民间故事和歌谣,一待就是几个小时。这些老奶奶们在给小安徒生讲故事后,也非常耐心地听他讲自己杜撰的故事,听他大声地朗诵他所记得的诗歌和剧本。她们都惊讶地说:瞧这孩子脑子多灵啊!瞧着吧,他一定会出人头地的。于是,她们就用讲更多的故事的方式来奖励小安徒生的聪明机灵和乖巧。

转眼间,小安徒生已经六七岁了。家里的日子越来越难过,而他根本就没有注意到这些,他仍是个不知愁的满脑袋幻想的小精灵。

有时候,他也会把自己长大后如何建立功勋的幻想讲给伙伴听,但伙伴听了却一边笑一边对他说:"你哪能去周游什么世界?你什么都怕,怕母牛、怕黑,还怕水。再说,力气也不够。最好还是和你那些木偶去玩吧。"小安徒生委屈得直掉泪,他试图证明,他的幻想总有一天会实现的。

这时小安徒生的父亲汉斯·安徒生已为生活所迫替别人参军打仗去了。等到他终于回到小安徒生母子身边时,身体已经垮了。尽管玛丽亚想尽了一切办法找药并请女巫施巫术,但一切都无济于事。

又一个冬天来临了。有一次,小安徒生指着窗户对爸爸说:"爸爸,窗户上的花纹图案多么好看!你看见了吗?有一个穿白衣服的女人,头上戴着一顶王冠,她伸开了双手……"

而这次小安徒生关于冰姑娘的幻想带给他的却是无尽的悲哀。母亲玛丽亚认为看到冰姑娘夜里往窗户里探头并不是好兆头。果然,父亲汉斯·安徒生就在残冬渐渐退去的时候被冰姑娘带走了。随后就被埋在穷人墓地里,听任风吹雨打了。

◉ 艰苦的奋斗

流过古城的那条小河,一年当中大部分时间平静得无声无息,只有那河边的一座水磨,从早到晚,从那巨大的轮子里发出轰隆轰隆的响声。自从丈夫去世后,玛丽亚早已让生活折腾得精疲力竭了。她从早到晚在小河边的一块大石头上洗衣服,而安徒生就在附近玩耍。大人们认为河岸光秃秃的,平淡无奇,而这一切在安徒生的眼里却饶有趣味。

有一天,一位在河边洗衣服的大娘告诉小安徒生一个惊人的消息,那就是中国就坐落在欧登塞这条小河的对面。如果从这里使劲地往地下挖呀挖呀,最后就能挖出一条通往中国的通道。当然,他一个人是没有办法挖那么深的,但中国人却可以做到。后来,安徒生就坐在河边幻想着关于中国的一切事情,嘴里还唱着只有他才会唱的最优美动听的歌谣。

他幻想着,他的歌声给中国的王子听见了。到那时,中国王子一定会给他一座水晶的城堡,然后让他乘一只大船回家来。这只大船和不久以前新任富恩岛总督的国王的亲兄弟的那只一模一样。可是,当时的中国王子大概由于国事繁忙,并没有同他见面。

夏天过去,秋天来临的时候,柳树上细长的黄叶子飘落在水中,宛如片片扁舟,在水中荡漾。再接着,先是青蛙躲到自己越冬的洞穴里,而后是飞鸟在空中列队,做着飞往温暖地方的最后准备。过不了几天,狂风就会尖叫着,从海上呼呼地扫过来,把这个没有山的国家吹冷。水是越来越凉了,可妈妈却一如既往,日复一日地在河里洗衣服。有时候,实在太冷了,她就打发安徒生到小城北街上的杂货店里买一瓶酒来,喝几口暖暖身子,然后又站在水中开始干活。等到傍晚的时候,篮子里是洗干净的衣服,可酒瓶空了。

城里都在窃窃私语,鞋匠的老婆玛丽亚是一个嗜酒如命的女人!

有一次,安徒生怀揣酒瓶正往河边走去的时候,牧师的寡妇从窗户里伸出头来,对着孩子大骂:"呸!真是下贱东西!你妈真是个废物!"这些话深深地铭刻在他的记忆中。直到1853年,安徒生把这件事写入了他的童话《她是一个废物》中,不过,至死他都不明白,人怎么会那么残酷,世道怎么会如此不公平?也就是在这一时期,在一幢专供寡居女人膳宿的公寓,老约翰带他见了两个文静的老大娘。她们的书多极了。这个容易轻信、求知欲又强的孩子,深得两位老大娘的好感。她们拿出碎布头给他的木偶做装饰用,还送给他一些书,其中有一部分是莎士比亚的悲剧集。

现在,昔日曾经吸引过他的那些东西都已退居次要位置。他仿佛觉得,书中所描写的一切历历在目,他和作品中的人物同呼吸、共命运。特别使母亲震惊的是,他披上她的围巾,表演李尔王的独白和《麦克白》片断,不但震动了小小房间的墙壁,而且连那些木偶和玩具也都好像沉浸在莎士比亚激情澎湃的戏剧之中了。

后来,他想自己编戏,并且动了笔。他写了许多悲剧,并在父亲遗留下来的士兵手册上记下了这些悲剧的名字,他认为事情已经完成了一半,剩下的不费吹灰之力就可以完成。但很快,他就受到了无情的批评。

于是妈妈又在别人的闲言碎语中忍辱负重。人们嘲笑和责骂她养了一个没有出息的孩子……母亲决定送他进毛纺厂。没几天,他这个刚刚11岁的孩子就成了几个虎背熊腰的副工长取笑的对象。他们出于无聊,拿孩子的眼泪和呼喊来寻开心,而且硬说他不是男孩,是一个乔装打扮起来的小丫头。理由是他的嗓子是那么细,而且还会哭,哭起来就像一只小山羊咩咩叫。

由于忍受不了这种侮辱，他一口气跑回了家。接着又去帮人包装鼻烟，这使他染了病，无论是白天干活，还是夜里躺在那张长凳上辗转难寐的时候，都会不住地发出一阵阵致命的咳嗽。这样的咳嗽使玛丽亚惊恐不安，她把孩子从工厂领了回来。安徒生又成了油漆匠的听差小厮。

安徒生又挨揍了。富家的孩子常常一伙一伙地追着打他。

小安徒生回到家里，玛丽亚看见儿子肿起来的眼睛上带着一大块青紫的血斑，禁不住叹气。

"真是可怜的孩子，要是这样下去，过不了多久就要变成残废了……你还是上慈善学校吧！邻居们爱说什么，随他们去说吧！"

这样，安徒生开始上学了。他在这里上学学圣经。用不着复习，他的学习非常轻松。老师讲的他几乎字字句句都印在脑子里。这样，放学回家后他有的是时间读小说和演木偶戏，或者沉醉在幻想之中。

而这时，日子过得相当艰难了。年轻的鞋匠尼里斯·龚杰生成了他们家的座上客，不久玛丽亚就嫁给了他。

小小的安徒生对于家里发生的这种事采取了漠然的态度。他越来越思念父亲，许多逐渐淡忘的话语，突然涌上心头，而且那样有分量，为他所必需。父亲说过：追求自己的理想吧。不要怕穷，要学习，要读书，要到外国去见识见识！

现在，是选择道路的关键时刻，他怎能不想起父亲曾经说过的一席话呢!

受坚信礼的日子很快来临,这标志着他已长大,有权决定自己的前途了。

妈妈特地托一个老太太把他父亲的一件旧大衣翻改成一件制服,又不惜高价为儿子买了一双皮靴。这是他一生中穿的第一双皮靴、新鞋,不是木头做的。他兴奋得把注意力都集中在新靴子上了,以至于在受洗礼时把牧师的布道都忘在了脑后。

此时,安徒生迷上了演戏,并认识了古尔登堡上校。上校带他去见克里斯蒂安亲王。他要当一名演员,然而亲王说:"手艺人的儿子就应该学一门手艺,别老想着跳出自己的圈子。"最后,亲王答应:"如果你想当车工,我会做一些必要的安排。"

"不!亲王殿下,"安徒生吃力地说,"我一定要设法做一个演员。"

亲王非常不愉快地皱了皱眉头。

这时,安徒生为了演戏,他决定要到丹麦首都哥本哈根去,进皇家剧院。为了让母亲玛丽亚同意,安徒生颇费了一番心思。

安徒生把一年积攒的13块钱拿给母亲看,就这样,母亲终于含着泪目送载着儿子的马车远去,心里有说不出的辛酸和担忧。

1819年9月6日的晚上,一个14岁的瘦高的孩子,亲眼目睹了首都的夜晚。他仿佛觉得,他来到了另一个完全不同的世界里,欧登塞已经落在完全不可到达的远方。

的确,这个世界上还是好人比坏人多,小小的安徒生居然跑到剧院经理的办公室去了,尽管结果可想而知,但安徒生的勇气却是令人惊叹的。

很快,他在欧登塞积攒的全部财产——13块钱就要花光了。他从最后的钱中拿出几个铜板买了一张戏票,豁出去了。

上演的是歌剧《鲍尔和维尔吉尼娅》,漂亮、宽大的舞台上一对不幸的情人正唱着忧伤的咏叹调,互相倾诉衷情。

剧中鲍尔被驱逐的不幸遭遇使他联想起自己的厄运,他伤心得泪水涟涟。这引起了身边座位上头戴大包发帽的好心肠的胖女人的注意。她开始宽慰他,说演戏都是假的,别看他们受苦受难,死去活来,实际上活得好好的!为了使他平静下来,她塞给他一个夹满肉的面包。他一边流着泪,一边把面包吃下去。

安徒生把他的遭遇一五一十地跟好心的她讲了。

她又递给他一块甜馅饼,此外,就爱莫能助了。

虽说这样,意外的款待和不期而至的同情使他得到了安慰,在他心中唤起了一种新的勇气和希望。

"我不是有一副好嗓子吗?对了,就去找那个住在哥本哈根的意大利著名的歌唱家朱塞普·西博尼!"

听了孩子的演唱,看了表演,易动感情的西博尼被打动了。

可是半年刚过,即1820年的秋天,安徒生的嗓音突然变坏了。西博尼也没有办法,说以后不必找他了,还是回欧登塞去学一门手艺为好,不是所有的人都可以成为歌唱家的……听了这话,他伤心地哭了。

安徒生又找到了几个新的保护人,他们是舞蹈家达朗,上校的兄弟、诗人古尔登堡,哥本哈根著名钟表店主人的母亲尤尔根生夫人。这些人竭力成全他,答应供给他生活费用,还安排他免费学习拉丁文。可说实在的,安徒生对这几门功课都不大用心,演戏占去的时间和精力太多了。

上天保佑,他终于登上了舞台,扮演《亚米达》里的第七个侏儒。这天夜里,他久久不能成眠。尽管演出前同上舞台的一个小姑娘从后面狠狠地踹了他一脚——这完全是故意的,把他的长袜子弄脏了——但这没有影响演出的成功。当大幕下垂时,安徒生带着幸福的微笑,听着那久久不息的掌声,即使这掌声中只有很少的一部分是属于他的。

就连后来的睡梦中,他的手里还紧紧拿着那张写着侏儒的扮演者"安徒生"名字的最珍贵的海报。

他暂时可以稳定几个月了。他和大学图书馆馆员纽洛普交上了朋友。取得了自由借书的权利。

书籍的海洋使他目不暇接。他如饥似渴,以闪电般的速度贪婪地读着。

通过与作家的交往,此时安徒生对文学表现出越来越浓厚的兴趣。他开始写诗,并把诗拿给一些权威人士看。不过写诗不是他的目的,如果能写出一部悲剧来,那就是另一回事了……他动手写了。

当他把悲剧读给诗人听的时候，诗人的妻子马上打断了这位兴致勃勃的朗诵者："天呀，安徒生，你这是整段整段地抄爱仑士雷革和英格曼的作品呀！"

安徒生对她的发现感到惊奇，"这有什么大惊小怪的？他们写得多么好，他实在想不出比他们更好的句子。"

她劝他，循循善诱，说这样做是不好的。应该创作自己的东西，而不是搬用别人的成果。这些话深深地烙在了安徒生的心里，使他的心灵深处受到震动。诗人比演员崇高。

1822 年，他开始创作悲剧《维森堡大盗》与《阿芙索尔》。

第一次，他写了悲剧《林中的小礼拜堂》。整整一个月，他都感到"自己生出的'孩子'完美无缺"，直到后来，才发现"孩子"有明显的缺陷。这时，他的剧本是先让诗人、上校的兄弟古尔登堡看的。为防万一古尔登堡不同意，他想把稿子先拿给少年时一同受坚信礼时送给他一朵蔷薇花的小姑娘先看。

安徒生在哥本哈根找到了她，这位美丽的姑娘热心地投入了安徒生的事业，竭尽全力使她的显贵的亲戚为他的前途奔忙。

她情愿为他抄写搞子，因为安徒生的字实在太潦草了。

然而不久，他就跟诗人古尔登堡闹翻了，原因是拉丁文他学得太不用心。这是他自己的错。

剧本不但退回来了，而且剧院经理处不知从什么地方探听到，这个安徒生缺少的是教养，接着拒绝他再担任合唱员和舞蹈演员。

来到哥本哈根的第三年的一整年，安徒生都是靠别人的恩赐而生活的。向人请求施助，而又常遭拒绝，这使他的生活变得越发艰难。从前,他总是相信,每一个人对一个有才华而又贫穷的孩子,都会乐于帮助和指教,然而,事实并非完全如此。

正在发育的瘦高个子,短得过分的衣袖和裤子以及为了掩盖衣服上的那些补丁和裂缝而做的奇怪的动作,这使他在商人和贵族的客厅里得到的是百般嘲弄。

这都怪他自己,常常不知天高地厚地把自己想当著名诗人的理想到处向人坦率倾诉。他一如既往,不断闯到名人的家里去。这些名人当中不乏对他深表同情的人。

1822 年 8 月间,《竖琴》报发表了《维森堡大盗》中的第一幕,并且给了他一笔数目极小的稿费,尽管这样,也使安徒生高兴得直颤抖。他又把《阿芙索尔》寄到了剧院经理处。

9 月 13 日,影响安徒生后半生的至关重要的人、剧院经理处的四名成员之一、国家顾问约那斯·古林。他和经理处的另一位成员拉贝克一起接见了安徒生。

古林以极平和的声音对他说:"拉贝教授发现你的悲剧里有一些天才的火花,因此经理处认为应该使你有受教育的机会。"

"为此,我们决定为你申请一笔皇家公费,以便你进入教会学校进一步学习必要的知识。"

1822 年 10 月,一个秋雨绵绵的晚上,约那斯·古林为自己的被监护人安徒生挑选了一所坐落在斯拉格尔塞的教会学校。现在,安徒生正漫步在斯拉格尔塞的幽静的大街上。他想起了自己,到哥本哈根来的时候是一个初学写戏、演戏的游浪者,如今要经过正规的教育了。他有点迫不及待地把这个天大的好消息写信告诉了远在家乡的母亲和亲友们。

这位新学生各门功课的测验成绩实在令人失望。

他甚至在地图前站立良久后，还是无法指出哥本哈根在地图上的位置。几何学、拉丁文和希腊文的成绩不佳，甚至连丹麦语也有许多不应有的错误。

校长梅斯林露出了一丝苦笑，他是碍于有权有势的古林的面子，不然早把这个整天琢磨着

写诗的鞋匠的儿子赶出去了。的确，在这群十二三岁的男孩子当中，安徒生显得相当奇特。一切，无论是年龄、风度、出身、生活经历，都显得与众不同。不过，高个子安徒生不是谄媚者，也不是打小报告的人，而且一点也不掩饰自己学识的贫乏。他善良宽厚、真诚坦率，善于讲述许多许多非常有趣的故事，这些故事绝不是"自己杜撰出来的"。

上课的时候，安徒生聚精会神地听老师讲解每一个词意。可是，也常常走神，比方说，窗外一根冰溜子，在太阳光的照耀下闪一下，也能使他分心。校长梅斯林认为大声呵斥和挖苦讽刺是最好的教育方法。他亲自教授希腊文，一看到学生不专心（尤其是安徒生），立刻就会生气。

希腊文课对安徒生来说，成了一种极大的折磨。而最让校长暴跳如雷的是，他得到消息说，安徒生居然不顾一切，依旧写他的诗。

不过，校长心里明白，古林是一个举足轻重的人物，因此，还不敢对安徒生太怎么样，他还得指望通过和安徒生的接近，

从中捞到一些油水呢！而且还居心叵测地想让人相信，他不管怎样做，都是为了使自己的学生得到好处。

于是，安徒生得以住在梅斯林家里，安徒生每年 200 元的膳宿费得交给他。对于债台高筑的梅斯林一家来说，200 元是一个可观的数目。

1826 年 5 月，安徒生与校长梅斯林一道迁往赫尔辛格。古林赞成梅斯林的"好心肠"。可事情远没有想象的那么好。后来，安徒生连饭都吃不饱，因为梅斯林的债务与日俱增，并且觉得 200 块钱一年供养一个渐渐长大的人，这简直是亏本的买卖！

这时，安徒生的消瘦状况，差不多就跟初到哥本哈根时过那段艰苦日子的时候一样。夜间做作业常常感到极其虚弱。饥饿和疲劳过度折磨着他，况且屋子里寒气袭人，木柴也要节省着用。而且，想到别人家里串个门，享受一下主人们殷勤的笑容，烤烤火，喝一杯热茶也不允许。他只被允许跟校长的孩子们玩。下课以后，学校的大门一关，他就不能外出了。

这一时期，奶奶早死了，继父龚杰生也死了。妈妈孤苦伶仃，被安置在济贫院里……安徒生的心碎了。

在校长家属于他那间寒冷的房间里，他用一双冻僵了的手写了一首描写一个病孩子的诗《垂死的孩子》。

当他追溯自己的童年时代，那时候妈妈是怎样地给他慰藉、支持和保护……当他写到自己出麻疹的真实情景时，自己也禁不住潸然泪下！

现在和那时多么相像啊，因为他正发着高烧，只是妈妈不在身旁……他找出了古林写给他的一封信，里面有这样的话："……在困难的时刻要常常勉励自己，您有许多好朋友，他们都非常爱您。"

他又想起了梅斯林的预言，安徒生将名落孙山。

到那时，古林也好，其他人也好，都将会对他不屑一顾。结果不是疯，就是去讨饭。

安徒生哭了，他翻出一个小本子，那第一页上工工整整地写着《安徒生诗集》。他看了看，然后又在他名字的下面加上一行小字：死于 1828 年。

就在这样的境况下，一直熬到一名叫威林的青年教师出现。青年教师和梅斯林一样，专门研究古代语言。

他非常钟爱和同情安徒生。在他的帮助下，春假的时候，他带着安徒生到了哥本哈根。他亲自和古林长谈了一个小时，这样，安徒生终于又回到了哥本哈根，回到了收养他的古林身边，永远地离开了校长那冷若冰霜的家。

紧接着，发表了诗《垂死的孩子》。

一般来说，安徒生比较容易适应这种瞬息万变的处境：一时完全绝望，一时又满怀希望。

他像一只"丑小鸭"吗？

社会使他丑，灾难使他丑，求乞的生活使他丑。

他有他自己的内心世界，他常常喜欢独自一人到树林里去散步，去听鸟声、蛙声……他是一个孤独的人。

但是，也正是因为他所经历的这些，把他的灵魂洗净，使他渐渐地像天鹅一样，最后美丽起来。

回到哥本哈根，他又像小鸟一样自由了。不过，虽说安徒生在梅斯林手下受尽了折磨,可在这几年的艰苦岁月里,他的精神世界依然丰富多彩,依然按照他自己的轨道在发展。他博览群书,思想的火花时时迸发出来。他的笔记本上积累的新材料越来越多。

现在,安徒生对当代题材、对幽默产生了更大的兴趣。

爱仑士雷革的童话剧《阿拉丁和神灯》,是在 1805 年写成的,其中的情节与安徒生的生活环境有着惊人的相似。

在爱仑士雷革的所有作品中,没有一部不像阿拉丁的故事那样,为安徒生所喜爱——并深深地感动和理解。

由此,爱仑士雷革让安徒生佩服得五体投地。这位后来被誉为"丹麦文学的太阳"的青年,找到了自己的神灯。

现在,安徒生正在努力着,走近这盏神灯。

1828 年 10 月 23 日,安徒生凭着那股永不熄灭的激情和顽强的毅力,收到了大学入学的通知书,把安徒生视为"自己的孩子"的老古林祝贺他,全家都祝贺他。

随后,安徒生应约参加晚会。

然而,对安徒生来说,那道贺的场面和喧闹的聚会毕竟不是主要的,最主要的倒是他专心致志地写了早就构思好的《阿马格岛漫游记》即将问世了。他终于可以不再管拉丁语法,不用担心古林的责备的目光了。

漫游记,顾名思义,就是漫游的记录——走在哥本哈根和阿马格岛之间的大街上,主要还是夜晚的大街上的奇思妙想,所见所闻。

创作《阿马格岛漫游记》时,安徒生正住在霍尔曼运河边的小顶楼上。

小顶楼异常安静,只有小麻雀在啾啾争吵！这儿登高可以望远,而且空气永远是新鲜的。楼梯高而陡,因而可以免却客多之患,只有那些出于真诚的友谊或者由于万分必要的人,才愿意爬这样的楼梯上来。可见穷人自有穷人的乐趣。

安徒生环顾四周,不禁心满意足,他是个善于从不惬意的事物中发现好的方面的人。何况现在一切看起来都那么顺利。的确,如这小顶楼一样,虽然有些倾斜,但却窗明几净。

三个月后,即 1829 年 1 月,《阿马格岛漫游记》经过一番不可避免的口舌和风波之后,终于出版了。

安徒生没有按书本上的那种苦涩的语言来写,而是用人们日常的语言来写作,他走了一条他自己的路。

以后,安徒生顺利地通过了两次大学的考试,从而使他有权去谋取哲学副博士的学位。此后,他可以中止学习或者继续深造。他焦急地等待着老古林的决定。

"按照自己所选择的道路走下去吧!"

这就是老古林的决定。此时,安徒生想创作一部大型的历史题材的作品。他不得不坐下来收集资料,研究 16 世纪丹麦人的风俗习惯、衣着服饰、宗教信仰、语言,做摘要、做笔记,但是作品仍是无法动笔。

最后,他终于明白了,只有他亲眼目睹故事发生的那些历史地点以后,写作才能进行下去。

在古林的支持帮助下,安徒生离开哥本哈根去旅行。

在途经福堡时,他拜访了自己大学时的同学,并且爱上了这位同学的妹妹,长着一双黑色明亮眼睛的莉葆。莉葆也喜欢安徒生。

安徒生爱她爱得发疯,他认为莉葆是天底下最聪明、可爱、善良的姑娘了。

然而,莉葆还是嫁给了有钱人。

安徒生一生中最充满柔情诗意的初恋就这样结束了,然而留在他心中的创伤却无法抚平。1831 年春天,年迈的古林看到"自己的孩子"安徒生由于思念莉葆,以及批评界的恶意中伤而变得心灰意懒、郁郁不乐时,又助了他一臂之力,促成了安徒生的德国之行。

秋天,安徒生回到了哥本哈根,同时完成了《旅行剪影》。在这部作品中,他把幻想凝聚于现实生活中的形象上,使美妙的虚构服从于人间的目的,而不再追求海市蜃楼般的凭空杜撰。

从此,他的童话和普通的生

活糅合在一起了。

《旅行剪影》,在秋天与读者见面了,但却遭到了批评家的猛烈攻击。

安徒生被这些批评家们搞得遍体鳞伤。一般地说,安徒生的性格决定他是不会长时间生气的,但每一次大的打击都会使他悲观绝望,无法用一种较为坦然的态度来对待这一类事情。

在这种处境艰难的日子里,即使是一句温暖的话语,都会叫他热泪盈眶,产生千钧力量。

老古林一如既往,竭尽全力使安徒生在他的家庭中享受到亲属的各种权利。这使安徒生一生都对他满怀敬意,称他为"第二个父亲"。

经过这么长时间的相处,老古林对安徒生身上的种种弱点,可以说了如指掌,他想将安徒生改造成他家庭里的一员,日子过得舒适、安逸些。

然而,多年的努力都是徒然的。安徒生即使到死,都是一个孜孜不倦而又不切实际的幻想家,他热衷于各种突如其来的事件,喜欢到处走走,不断地变换环境。他恢宏大度、胸襟开阔,又容易小肚鸡肠,耿耿于怀。他既容易感情冲动,又容易沉默寡言。这两种性格伴随了安徒生一生。

许久之后,安徒生又爱上了古林的女儿露易莎·古林。然而,古林一家没有一个成员认为露易莎和安徒生有结合的可能。因为安徒生没有稳定的性格,没有明确的社会地位,没有无可争议的锦绣前程。为了打消安徒生的痴心妄想,古林一家决定立刻为露易莎举行订婚典礼。

安徒生又一次受到了伤害。

"找不到我白色的姑娘,即使是走遍天涯!

我知道,我爱她,但早已凋谢了,爱情之花!

她已经死了依旧是洁白一片……多么不幸!

——可是如今,永不凋谢了,我那爱情之花!"

……好了,该走了。他曾经是怎样地渴望啊,然而"心灵的日记中有一些章节,只有念给上帝听。"

1833 年 4 月 20 日,他站在轮船的甲板上向送行的朋友们告别了。他向国王申请了一笔出国旅行津贴。就这样,离开了各种烦恼,离开了使他肝肠寸断、又不想向人倾诉的无言的爱情。

他来到了巴黎。

安徒生带着哥本哈根名流的介绍信,高兴地拜会了居住在巴黎的艺术界人士。

一次偶然的机会——在"文学欧罗巴"协会举行的一次晚会上,一位个子不高、表情生动的人来到安徒生面前。

他就是亨利希·海涅。他们成了朋友。

1833 年 10 月 18 日,后来安徒生称之为"我的第二次生日"的这一天,他来到了罗马。

此时,安徒生就像一只受伤的小鸟儿。在这世上,他已经没有一个亲人了。他的妈妈玛丽亚是在贫困中、在济贫院里死去的。

在罗马,安徒生拜访了自己的同胞、著名雕刻家伯特尔·多瓦尔先生,他当时侨居意大利已经多年了。多瓦尔十分亲切地接待了这位青年诗人。安徒生的真诚、坦率,对艺术的挚爱以及坎坷的生活道路——这一切和多瓦尔的经历十分接近。这位满头白发的艺术家已是 63 岁高龄,他饱尝过饥饿、寒冷、歧视、嘲笑等等所有人间的辛酸,但是他从不气馁,终于实现了自己的目标。

"重要的是不灰心,不要半途而废。"多瓦尔先生的支持和同情给了安徒生极大的帮助,使安徒生得以在罗马度过艰苦的日月。多瓦尔先生不但精神矍铄,神采奕奕,像年轻人那样乐天,而且所给予安徒生的都是最为真诚的教诲和支持。

一个新的构思,在他的脑海中又具有了越来越清晰的轮廓:要写一部中篇小说,描写一个具有即兴诗人奇才的贫苦的意大利男孩安东尼奥的命运。

这部作品的名字就叫《即兴诗人》。

最后的创作是在哥本哈根完成的。

《即兴诗人》出版后的 1835 年 5 月,《讲给孩子们的故事》第一册出版了,并且和《即兴诗人》相继摆在书店的橱窗里。

《即兴诗人》很快蜚声文坛,引起了人们的普遍重视,而童话集的销售量却很小。甚至《丹麦少年》杂志称《即兴诗人》为宏大的诗歌作品,而对他的童话却给予毁灭性的打击:《打火匣》——行为不道德;《豌豆上的公主》——没味道;《小意达的花儿》——道德训诫意义不深。

只有艾德瓦尔特·古林——老古林的儿子在两本书尚未出版的时候,曾经对安徒生说过这样的话:"您瞧着吧,《即兴诗人》将使你扬名,而您的童话将使您名垂千古!"

难道艾德瓦尔特错了吗? 1835 年 12 月,《讲给孩子们的故事》第二册又出版了。但没有轰动效应。

安徒生多次给伊爱达·吴尔芙写信,谈他即将写作《海的女儿》。他曾多次拿起笔来写这篇童话,但又放下了。不,还是写小说吧,因为小说《欧·多》在 1836 年 1 月出版后,受到《文学月刊》(当时大批读者信任这家杂志的评论)上一篇评论文章的赞扬,这是自安徒生发表《阿马格岛漫游记》以来从没出现过的情况。看来,还是写小说吧,这才是一条正路……可是,奥斯特,就是那个物理学家,一位有头脑的认真人,一位知名的学者,却劝他创作童话!

安徒生是非常信任奥斯特的。

1837 年 4 月,安徒生的第三本童话集出版了。

这本集子包括《海的女儿》和《皇帝的新装》等。1839 年,安徒生用整整一年的时间创作了剧本《穆拉托》。

这一年的 4 月 2 日,安徒生刚好 34 岁。在生日晚会上,多瓦尔先生来了,他走到安徒生面前,真诚地拥抱了他。安徒生突然就哭了。

"振作起来!"多瓦尔先生虽然话语不多,但他的目光和微笑却在鼓励着安徒生。

1840 年 2 月 3 日,《穆拉托》首演成功。接着他又写了剧本《摩尔夫人》,结果遭到了海堡毁灭性的批评。

1843 年他又出版了童话集《新童话集》,里面收有《丑小鸭》、《夜莺》。

这时候,以前的几本童话集的发行量越来越好,甚至引起了国外出版商的注意,把安徒生的这些小童话捧到了至高无上的地位。同时,丹麦读者也对安徒生的这些童话日益接受,十分欣赏。

这些童话得到了剧院的支持,这是意想不到的。

有一位哥本哈根演员费斯杰尔挑选了《皇帝的新装》在剧场幕间朗诵,安徒生全神贯注地注视着大厅,他看到听众逐渐活跃起来,绽出了笑容,接着爆发出一阵阵开怀的笑声……

成功了! 现在,整个哥本哈根城都知道有这么一个光着身子的国王的故事了。安徒生那巧妙的童话故事里的对话成了人们口口相传的内容。在哥本哈根,人们总是对精彩的俏皮和幽默式的故事给予很高的评价。

人类的祖辈在漫长的劳动之余,用他们那取之不竭、用之不尽的智慧与幻想,建造起充满了美好愿望的童话王国。在这里,他们用抒情的诙谐,和更多的光明色彩来驱除疲劳,振奋或放松精神。人类是多么需要"童话"的滋养啊。

安徒生经过了许许多多的犹豫和苦闷,终于下定了最后的决心:永不会放弃童话的写作。并且,在这个童话的王国里,还要努力赢得属于自己的一方天地!

从此,他才真正地成为阿拉丁,成为那盏有着耀目光辉,照亮整个世界的"神灯"的主人。

◉ 永别了，孩子们

1846 年，安徒生的自传《我的一生》第一个版本出版了。的确，安徒生一生都是坎坷的，所走过的路是曲折的。这充分反映在《我的一生》这部长达 30 多万字的自传里。

1855 年，他整整 50 岁。后来，他又活了 20 年。这 20 年里他没有自己写传，这不能不说是一种遗憾。

1864 年对于丹麦人民来说是一个多难之秋。战争又来了。战争的结果是普鲁士占领了丹麦。

整整一年的时间，安徒生一个字都没有写，他的心情过分沉重。

在他的脑际老是浮现出一幅幅阴暗的画面：房子在燃烧，鹳鸟一群一群地在灰色的天空中嘶鸣，孤儿寡妇们穿着送丧的服装，目光暗淡，面孔苍白……随着岁月的流逝，他感到自己苍老了，而且疲惫不堪。

他曾幻想着，一批新的童话会来扣动心灵之门，然而没有。就连旅行这样一种获得童话的可靠而且经过考验的方法，都常常不能使他摆脱这种沉重。

在最近这几年当中，死神夺走了他几个好朋友的生命，其实他们都是他生命中的一部分。尤其是收养了他的老古林的去世，使他异常悲伤。事实上，他自己也到了垂暮之年。

这时，好事不断涌来：国内外颁发给他的各种勋章和为他举行的各种庆贺会，加给他的各种荣誉称号，一篇篇赞颂的文章，一次又一次再版他的书……

然而,他要以一种难以置
信的意志力,一次又一次地振
作起自己沮丧的心情,努力克
服病态的易激动的脾性,摆脱
种种令人沉痛的回忆。

他开始上剧院访友,对一
切都感兴趣,而且还和人不断
愉快地、诙谐地开玩笑……只
有他最知己的朋友才知道,这位"幸福的童话作家"时时都在
和纠缠他的可怕的阴影作斗争。

渊博的书本知识和安徒生所独有的人民生活的涵养,以
及民间文学的众多形象(其中有许多形象从他的儿童时代起
就在他的幻想之中生根了),融合在一起,成为一种奇异的合
金,他的童话就是由这些闪着光辉的合金铸造而成的。

在童话形成的漫长岁月中,关于美与善、关于统治阶级与
人民大众,关于邪恶势力被正义最终战胜的观念,等等,创造
了人民的世界观,而人民的世界观又丰富了童话的创作,这是
安徒生童话创作的基础。

然而安徒生和那些民间文学的搜集者、创作者、研究者不
同。安徒生是民间文学宝库的合格的挖掘者和继承者,他给
故事注入了新的血液,使之成为具有永久魅力的童话。

丹麦的学龄儿童们的课本里,可以找到安徒生的童话和
诗,可以读到他的生平事迹。

……在他走进老年的日子里,有人告诉他,说他后期的童
话不如前期那样有意义。这些话使他有些伤心。

安徒生曾经有过这样一个非常美丽的幻想。那是关于欧

登塞河的,那是家乡的小河,那是母亲几乎一生都站在冰冷的河水里洗衣挣钱养活他的小河。

他幻想着,从这条小河挖下去,挖下去,挖到地球的另一面,就会来到另一个美丽的国度,她就是中国,可是至死他都没有到中国来过,尽管他的名字在中国几乎家喻户晓。

后来,为了纪念安徒生,在这个小公园里竖起了一个安徒生的铜像。它的旁边还修了一个雕塑,是根据安徒生童话《野天鹅》的故事雕塑的。

故事里的艾丽莎正睡在11只天鹅的背上,飞向天空……因此,在安徒生的故乡欧登塞,人们把这个小公园叫做"安徒生公园"。

小公园里的许多事物,都和安徒生有过联系。

1867年12月初,在他的故乡欧登塞。人们一下子涌到街上,把欧登塞的大街小巷像过节一样打扮起来。

随后,人群里爆发出一阵阵的歌声、欢呼声。火炬游行、彩灯及焰火,一眼望去,好像是为迎接皇帝驾临而举行的盛大庆典。不过,这一次万民欢腾,欢迎的不是国王,不是官府要员,而是人民自己的儿子安徒生。上了年纪的人都会记得,他就是在欧登塞剧院门口跑来跑去张贴海报的那个衣着褴褛的男孩子。

1875年4月2日,安徒生接到通知说,为他建造纪念碑的认捐事宜已告结束,并送来一份由雕塑家拟定的草图。上面,安徒生的雕像四周簇拥着一大群孩子。

安徒生否定了这个草图。

他激动地说:"我的童话与其说是为孩子写的,不如说是为成年人写的!要是后来,每当我朗读我的童话的时候,孩子们都趴在我的肩膀上，我简直无法忍受。为什么要把本来没有的东西画出来呢？"

最后，雕塑家按照他的意愿重新设计了一张草图。以后，安徒生很少露面，除了身体上的原因外肯定还有其他的原因，但是这是属于安徒生一个人的秘密，因为他没有结婚，一生都没有结婚。他没有妻子和孩子，但是几乎所有读过他的童话的人都把他当作亲人了。

为纪念安徒生七十寿辰，人们又为他举办了隆重的纪念会，他来了。这是他生前最后一次参加的纪念活动。同时，他的童话《母亲的故事》用十五种语言出版了。

不久，为了躲避烟尘及夏季的闷热，他离开哥本哈根，来到了他朋友的"憩园"别墅休养，走向他生命中最后的驿站。

无论清新的空气，海峡的旖旎风光，还是女主人亲切殷勤的款待，全都无济于事，安徒生病倒了。

1875年8月3日夜里，他开始发高烧，辗转呻吟。一些断断续续的画面在他面前掠过……他向奶奶告别，到哥木哈根去，搭乘的是一辆载货的马车；爸爸死去，妈妈嫁人，他渴望冲破这个寂寞凄惨的境遇成为一个艺术家，可是遭到了多少白眼，听到了多少嘲讽的言语！他甚至看到了后人为他建造的陈列室，就在他出生的小房子隔壁，它们是几间比较高大的、格调不大相称的陈列室。在陈列室里，可以看到好多细小然而有趣的东西，他的剪纸幽默而富于想象。还有许多画技不很高明的小幅速写，看上去明快、爽朗；还有他给孩子们画的奇奇怪怪的图画以及在书本里压干了的草花,它们已经有许多个年头了……弯弯的月牙,什么时候曾经见过的?哦,对啦,那是在君士坦丁堡,在意大利——后来在多瑙河畔,坐在由几头犍牛拉的吱吱作响的大车上……雾,居然雾蒙蒙的了,一切都被这雾遮住了。校长梅斯林的脸孔是从牧师老婆骂他时的那张脸上转换过来的。校长正向老古林告状,抱怨这个学生不务正业,太懒散而且喜欢吹牛。应该把校长叫住,告诉他,他错误地理解和看待自己的学生了……然而,听不到声音,梅斯林已不知去向……

寂静和孤独重新笼罩着他,只有影子歪歪斜斜地映照在墙壁上。黑暗重新吞没了一切。不过,声音又回来了,是他自己的。

如今,这颗忧伤的心,正在向孩子们,向童话般的世界告别。黑暗浓重的时候,唯有音乐声依稀可辨,但那已经不再是提琴悠扬的声调而是母亲为他低声哼着的一首古老的摇篮曲了。

一遍一遍地,轻轻地哼唱,催他快入梦乡。他动了一下身子,轻一点、安静一点,再好好舒展一下。

进入梦中,在梦中入睡吧……

第二天,即 8 月 4 日上午 11 时,通宵达旦守候在安徒生病榻旁的别墅的女主人刚刚离开房间,安徒生就沉入了最后的梦幻之中。

他的呼吸越来越微弱,他的嘴角动了一动,喃喃地说了一句什么,然后就完全地停止了呼吸。

只有童话是永生的!

一阵清风从海的方向吹来,飞进房间,带来了阳光,也带来了大海和航船的消息,甚至还有海的女儿那忧伤、无助的叹息,这些都是有着生命和情感的清风所赋予"睡熟"中的老人的。因为老人一生都没有像现在这样安心而且坦然地睡过一个宁静的夜晚。

风儿吹过去了。又一阵风轻轻地吹进来,轻柔地抚摸过这张饱经患难的沧桑的面孔,然后退出去了。

风儿还要继续走自己的路。可是,这次,清风所到之处,谁都听不到他亲自朗诵的童话和故事了。

不过,在人们善于幻想、渴望光明的脑海中,总也抹不去这样一幅画面:在夕阳映照下的青山的顶端,一位拄着拐棍的白发斑驳的老人正含着泪,始终微笑着站在瑟瑟的风中,向生命的这边凝望了许久许久,然后才举起衰老的手来——不停地挥着:永别了,孩子!

……

永别了,孩子们!

第二章

"文学巨匠"高尔基

◎ 苦难的童年

1868 年 3 月 28 日,在俄国伏尔加河畔的尼日尼——下诺夫戈罗德(即今高尔基市),伟大的文学巨匠,被列宁称为无产阶级艺术最杰出的代表——高尔基诞生了。

高尔基的祖父曾经是沙皇时代一个残暴的军官。父亲马克西姆·萨瓦季耶维奇·彼什科夫不堪忍受,外出谋生,来到下诺夫戈罗德城,在一家木器店里学木工。

他结识了隔壁染坊老板卡希林的女儿瓦尔瓦拉,后来她成了高尔基的母亲。卡希林一直顽固地要把女儿嫁给一个贵族,直到小外孙出世,才承认了这个女婿。

高尔基的父亲是一个聪明、能干、善良、乐观的人。在自传体小说《童年》里,高尔基用了几页的篇幅来描写他。高尔基继承了父亲的这些优良品性。出于对父亲的纪念,高尔基后来选择了父亲的名字(马克西姆)作为笔名。

笔名的另一部分——"高尔基"的俄文含义是"最大的痛

苦"。这正是高尔基童年的真实概括。

高尔基4岁丧父，10岁丧母，他的童年是在外祖父卡希林家度过的。

高尔基的外祖父家是一个典型的小市民家庭。外祖父卡希林是一个贪婪残暴、不信任人的干瘦老头。两个舅舅极端自私自利，时常为了争夺家产而野蛮斗殴。在卡希林家只有一个人与众不同，她是小高尔基黯淡无光的儿童时代的温暖所在。她就是外祖母阿库林娜·伊凡·诺芙娜。

在这位年轻时代做过织花边女工的老人的记忆里，保存着大量丰富、生动、优美的童话故事和民间歌谣。通过"圣母娘娘"的故事、战士伊凡·阿列克赛的诗篇、英明的华西莉莎、神父和上帝教子等童话。这位秉性高尚的妇女把质朴的民间文学作品深深地渗入小高尔基的心中，培养了他对俄罗斯、对大自然的热爱，对正义事业与美好生活的憧憬。

在童年时代，还有三个人给小高尔基留下了深刻的印象。

一位是善良快乐、有求必应的茨冈。他是外祖母收养的一个弃儿，也在外祖父的染坊里干活，他很能干，有一双金不换的手。每当外祖父毒打高尔基时，茨冈总是挡在中间，用自己的手臂去挡鞭子，被打得青一块紫一块的。

后来，在高尔基的舅母忌辰那天，两个舅舅叫茨冈背十字架去墓地，因为十字架太重，茨冈被压得跌倒在地，脊背断裂，流血过多，不幸死去。

另一位是老工人葛利高里。他给高尔基的外祖父干了一辈子活。他常常把高尔基抱到膝盖上，给他讲他的父亲的故事。后来因劳累过度而双目失明，被外祖父赶出家门，沦为乞丐。

还有一位是外祖父家的房客，绰号叫做"好事情"的科学家。他衣衫褴褛，很少说话，但他说的总是些必要的话。他整天埋头在书籍、酒精灯、铜块和铝条之中，最后也被外祖父撵走。

童年接触到的人和事往往对一个人的一生有巨大的影响。父亲、外祖母、茨冈、葛利高里等都是善良的劳动人民，然而他们最终都被雇主、被社会所吞噬。这些都冲击着高尔基那幼小的心灵。也许从那时起，在高尔基朦胧的思想里，就否决了善良者以忍耐和顺从走向幸福的幻想，同时，一种不平则鸣、不平则动的思想已经暗暗潜伏在他的身上了。

后来，外祖父破产了。高尔基在上初级小学的同时，开始了捡破烂的生涯，因而受到了同学们的嘲笑。贫困招致的歧视使他憎恨学校的各种规定，也厌恶同学，但他的成绩很好。有一次，得到了学校发给他的奖品——一本福音书，一本克雷洛夫寓言诗，一本《法达——莫尔加那》，还有一张奖状。

因为贫穷，外祖母又卧病在床，高尔基虽然喜欢书，但还是把书拿到小铺子里卖了55戈比，把钱交给了外祖母。

颇值一提的倒是那张奖状，高尔基"恶作剧"地在上面题了一些字，却被一无所知的外祖父珍惜地藏了起来。

后来，这张奖状被保存下来了，这大概是保存至今的、这位文坛大师最早的手迹。在这一年，高尔基由于贫穷的缘故，没有读完学校中的课程，就辍学了。小高尔基先是被送到了一家鞋店，接着被送到了一个建筑绘图师家中做学徒。他除了在店棚里劳动，还得干老板家里全部的家务活儿——打扫房间、洗刷器皿、劈柴洗菜、带孩子、上市场、跑腿儿。活儿太多了。平时

和节日都一样地堆积着琐碎的、无聊的、没有益处的事情。精神的贫乏终于促使这个聪颖的孩子跑了出去，到了伏尔加河的一条叫"善良号"的轮船上。他在这儿当上了"洗碗工"。

◉ 书缘

　　如果说，在童年时代，高尔基能有一个会讲故事的外祖母是他的幸运的话，那么，更为幸运的是，小高尔基在"善良号"上结识了厨子史穆莱。这位曾经做过近卫军中士的史穆莱，有一个大皮箱，装着满满的书。史穆莱尽管文化水平不高，却酷爱书籍。他总是不加选择地叫高尔基大声朗诵各种作品给他听。然而正是这种"酷爱"唤起了高尔基对于读书的强烈兴趣。

　　自此以后，高尔基的读书欲就再也没有减退过。所以，回忆起史穆莱，高尔基称他为自己的"启蒙老师"。

　　1880年秋天，小高尔基被解雇了，他又回到了绘图师家中，同时他也把读书的习惯带了回来。这一精神的享受却在肉体上给高尔基带来了许多的痛苦。

工作量加大了，主人严禁高尔基看书。高尔基只能在一天繁重的工作结束后，偷偷地拿出书来看。绘图师的母亲是个吝啬鬼，她把家里的蜡烛头子数得一清二楚，并且量好了长度，一旦发现短少了，揪住高尔基就是一顿毒打。高尔基只能借铜锅反射的月光看书。有一次，因为他看书非常专心，烧坏了茶具，招致这吝啬鬼的一顿毒打。高尔基被送到医院后，从背上挑出了 42 根木刺。

少年时代的高尔基为了读书付出了很大的代价，却又在他面前展示了一个奇妙的新世界，给他带来了无穷的乐趣和教益。

高尔基强烈的求知欲和创造性的想象力，赋予他一种奇妙的判断力。

他能从那些低劣质量的作品中依然发现知识的闪光点；逐步提高的鉴赏力又使他敏锐地接受着巴尔扎克、福楼拜和司汤达的小说，并学习他们卓越的现实主义。

从此，他与书结缘，书籍对他的成长有着极其重大的作用，标志着高尔基精神追求的开始。

◉ 喀山的"大学"

1884 年，16 岁的高尔基抱着上大学的愿望，告别了慈爱的外祖母，来到了伏尔加河上的另一座城市——喀山。

当时，喀山是俄罗斯的一个文化中心，有很好的博物馆和其他教育机关。最吸引高尔基的，是那所皇家喀山大学，列夫·托尔斯泰和列宁都曾经就读于此。

可是,高尔基一到喀山就发现:富丽堂皇的喀山大学是不属于贫寒的他的。他必须首先谋求生存。结果,他开始了走进社会——这所"大学"的生涯。

喀山的贫民窟和码头成了他的"大学教室"。高尔基成了一个流浪汉。

由于偶然的机会,高尔基认识了小商人安德烈·捷林柯夫。他是一个食品杂货店的老板。在这个老板的房间里,有一个秘密的贮藏室,其中暗设了一个图书馆,里面是一些禁书,主要是革命民主主义者们如车尔尼雪夫斯基、什勃罗留波夫和谢德林等人的政论著作。

每天晚上,许多大学生、中学生和一些秘密的革命者就会从喀山城的各条街道跑到捷林柯夫的小铺子里来。他们分析沙皇的统治、祖国的前途,慷慨激昂地相互争辩。高尔基发现,这些人常常说出一些他想说而未能说出的话,这使他非常兴奋。

冬天要到了,高尔基在一家面包作坊里找到了一份固定的工作。老板是个冷酷无情的家伙,作坊则像座监狱。高尔基偷偷地给工人读一些禁书。有时候他讲得很成功,工人们浮肿的脸上现出悲痛的表情,眼睛里冒着怨恨和愤怒的火花。高尔基开始用书籍来做"改变生活"的工作了。

不久,高尔基去了捷林柯夫开的面包店。他每天给机关和神学院的学生分送面包,同时把革命书籍藏在面包篮里送给他们。

然而,人在年轻时往往会有些精神危机。因为他们的理想总是比较美好,而社会现实却不是像他们想象的那样简单。

1887 年的秋天,19 岁的高尔基也处在精神危机中。他不仅未从书中找到许多人生问题的答案,反而发现了理论与实践的巨大差距。在大学生眼里,他是一个不能跟他们平起平坐的人。在工人当中,因为他只是偶然接触一下,时间很短。所以也没有交到什么朋友。

同时,他的工作十分繁重。他的朋友捷林柯夫的面包店即将破产。此时,他还听到了慈爱的外祖母阿库林娜逝世的消息。这些,都使高尔基感到孤单和痛苦。

高尔基绝望了,他选择了一种可怕的逃避方式。1887 年12 月 12 日,高尔基从市场上买了一支旧手枪,对着自己的胸膛开了一枪。

子弹没有打中心脏,只打穿了肺叶,留在了背部的皮肤里。经过手术,高尔基被救活了,过了一个月就好了。

但是,从自杀这件事后,高尔基十分自卑,觉得自己十分渺小,像是对人们犯了罪过,没有脸再活下去。这时,他遇到了一位民粹派革命家——罗马斯。

这位刚从流放地回来的高个子,对高尔基很是关心。他邀请高尔基到克拉斯诺维多沃村去,他在那开了个小杂货店,那其实是一个渔民互助组,为了在农民中进行革命宣传。

高尔基在这里接触到了社会另一个阶层——农民。他常常跟他们交谈。生活充实起来了,高尔基渐渐抛却了自杀给自己心理上带来的阴影。但这种愉快的日子不多久就结束了。因为村长和富农的敌视,罗马斯的小店被人放火烧毁了。

1888 年秋天,高尔基只好离开了这个村子,从此也离开了喀山。

喀山,是高尔基在精神上获得生命的地方。多年以后,高尔基回忆说:"喀山是我最喜爱的一所'大学'。"

◉ 走上文坛

经过两年多的俄罗斯漫游,1891 年 11 月,高尔基抵达了高加索的首都第弗里斯之后,结束了他的漫游。

对高尔基来说,第弗里斯是个极有意义的值得纪念的地方。因为在这里,他开始了他的文学生涯。高尔基之所以能在这时走上文坛,是因为两位"导师"的帮助。这两位"导师"是卡柳日内和柯罗连科。

卡柳日内是民意党人,曾被流放过,后来成了第弗里斯的移民。他极有知人之明,在与高尔基结识后,发现了高尔基是个与众不同的青年。高尔基不仅阅读过众多的文学名著,极其看重精神生活,还喜欢对社会现象进行各种思索。卡柳日内很欣赏他。

有一次,高尔基向卡柳日内谈到他在比萨拉比亚流浪时,于吉卜赛人的帐篷里,听到了一名叫马卡尔·楚德拉的老吉卜赛人讲的关于拉达和左巴尔的传说。卡柳日内敏锐地感到这是个好故事,而且适合于高尔基创作,高尔基也一定能把它写出来。于是,卡柳日内鼓励高尔基把这个故事写成一篇短篇小说。小说写好后,卡柳日内把它介绍到第弗里斯的《高加索报》。1892 年 9 月,这篇小说正式问世,这就是《马卡尔·楚德拉》——高尔基的处女作。"马克西姆·高尔基"这一笔名也自此诞生。

自从 1892 年《马卡尔·楚德拉》发表后,高尔基一发不可收拾,接二连三地创作了更多短篇。如《叶美良·皮里雅依》、《科利亚的梦》、《报仇》、《撒谎的黄雀和爱真理的啄木鸟》等等。这些小说打动了柯罗连科,他很想跟作者见见面。

柯罗连科一见面就认出了这个年轻人,他用赞叹的口吻谈起了高尔基的作品。他认为高尔基的小说写得很有独创性,虽然也存在着安排得不够妥当和粗糙的毛病。

临别时,高尔基迟疑了一下,问道:"您认为我可以写作吗?"

柯罗连科有点诧异地大声说:"当然啊!您不是已经写了,而且发表了吗……"

高尔基一下便如释重负。从此以后,柯罗连科成为高尔基的文学创作道路上的具体的指点者。

1895 年 2 月,柯罗连科还推荐高尔基到萨马拉报社工作,使高尔基终于摆脱了困顿的生活。

高尔基几乎每周在《萨马拉报》上发表一篇新小说。《伊则吉尔老婆子》、《鹰之歌》、《有一次,在秋天》、《游街》、《筏上》、《我的旅伴》等著名短篇就是在这个时候创作出来的。

此外,高尔基还负责"速写与随笔"一栏,并写每日杂感。

他总是不遗余力地对庸俗、卑鄙的社会现象进行抨击,并且屡屡想方设法闯过检查官的检查。

1897 年,高尔基摆脱了紧张的报馆工作,开始了专职作家的生涯。

1898 年,高尔基的《特写与短篇小说集》第一、第二卷出版,获得很大成功。1899 年第三卷的出版,给高尔基带来了真正的声誉,也是俄国文学史上的一件大事。高尔基的名字从此响彻俄国。

1899 年,高尔基来到沙皇政府的中心——圣彼得堡,并在新出版的《生活》杂志上发表了他的第一部长篇小说《福玛·高尔杰耶夫》。这部小说在俄国资产阶级鼎盛时期,便大胆预示其必然衰落。这无疑具有强有力的批判力量和现实意义。

1904 年 4 月,高尔基在《生活》杂志上,发表了散文诗《海燕》。它是当时无产阶级革命风暴即将来临时那种革命气氛的最生动的反映。它问世后,对俄国和世界各国无产阶级的革命斗争起了巨大的宣传鼓动作用。它立即成为革命人民跟沙皇进行斗争的有力武器。这两部作品的发表,给高尔基带来了更大的声誉。这时高尔基的世界声誉已经无可争议地形成了。仅在德国,1902 年就有 6 家出版公司竞相出版高尔基文集。

1901 年,高尔基的第一个剧本《小市民》发表,并由俄罗斯艺术剧院排成戏剧在俄罗斯上演。这部戏剧对市民阶层和小资产阶级知识分子的庸俗气息给予了无情的批判,同时宣告无产阶级在俄国已经投入战斗,标志着作家的文学创作开

始了探索正面人物形象的新阶
段。这部戏的上演,使沙皇政府
感到极大的惶恐。他们限制演出
的场次和售票的范围,删改剧本
中的台词。

演出的当天,政府委员全部
到场"审查",宪兵马队将剧场团
团住,连剧场的验票员都换成了
便衣警察。

《小市民》是一份政治宣言书,观众对它的大胆暴露和批
判,给予了强烈的回应。作为一个思想性很强的剧本,它取得
了成功。但就艺术价值而言,《小市民》里几个人物都过于平
面化,尤其是尼尔,作为戏剧的中心人物,是一个没有丰富性
格的人。这一点严重地削弱了戏剧的艺术成就。

但《小市民》对高尔基却有特
殊意义。它使高尔基熟悉了戏剧的
表现形式,并为更好地掌握这一艺
术形式作了有益的探索。

果然,不到一年的时间后,高尔
基创作了真正成熟的、可以称得上
是他的代表作的戏剧——《底层》。
它以流浪汉生活为题材,也是高尔基对社会"底层"20 年观察
的总结。

《底层》揭露了当时流行于俄国社会上的"慰安哲学",批
判了虚伪的资产阶级人道主义,指出了这种思想对人民群众争
取解放,摆脱悲惨命运的严重危害性,同时,提出了革命人道主

义思想:必须反抗压迫,维护人的尊严,相信人民的创造力量。

《底层》的上演,同样受到沙皇政府的无情压制。但它上演后引起的轰动是史无前例的。它是高尔基最优秀、社会影响最大的一个剧本,在西欧演出也获得了巨大成功。柏林一家剧院在两年多内演出了500场,同时很快演遍了欧洲各国。《底层》可以说是里程碑式的剧作,在欧洲戏剧史上,只有博马舍的《费加罗的婚礼》、莫里哀的《伪君子》、格里鲍耶多夫的《聪明误》可以与之媲美。在十月革命前,俄国没有任何一部剧作引起过这样巨大的社会反响,出现过这么多的评论。高尔基由此也赢得了杰出戏剧家的世界声誉。

1904年,爆发了日俄战争,俄国在战争中遭到惨败。这进一步暴露了沙皇专制政府的腐败和无能,同时也加快了革命风暴的到来。

1905年1月9日,圣彼得堡发生的"流血星期"惨案,就是革命风暴的开始。血的教训使向沙皇请愿的人们变成了反对沙皇的战士。高尔基亲眼目睹了这幕流血惨案。他义愤填膺,立即写了《致全国公民及欧洲各国舆论界的控诉书》。他痛斥圣彼得堡大街上发生的事件是一场有预谋的凶杀,揭露凶杀的主犯就是沙皇。控诉书最后说:"我们再也不能容忍这种暴行,我们要唤起全国人民,以迅速的手段,坚毅的精神,团结奋斗,一致反对专制政治。"这份手稿落到了沙皇警察手中,他们认出这是革命作家高尔基的笔迹。高尔基因此被捕,被关押在圣彼得堡要塞里。这里是全国最大的一所关押国事犯的监狱。

然而,抗议的声浪却从此席卷了整个欧洲。

法国作家法朗士在巴黎大会上的一句话说出了人民的心声:"高尔基不仅属于俄国,而且属于整个世界。全世界都应当起来保护他。"

法国著名人士电慰高尔基,荷兰、德国、意大利、葡萄牙、比利时等国的作家、科学家、社会活动家坚决要求释放高尔基。当时的俄国刚被日本打败,威望一落千丈,加之国内财政困难,希望外国能给予援助,所以对各国的舆论不能不有所顾忌。沙皇政府又一次被迫让步,将高尔基放了出来。高尔基在狱中写了剧本《太阳的孩子们》。

1906 年 12 月,莫斯科武装起义失败后,新的逮捕正等待着高尔基,于是他秘密地从芬兰,经瑞典、德国、瑞士和法国,最后到美国。途中,他一面呼吁国际民主力量支持俄国革命,一面为俄国社会民主工党募集资金。

高尔基在美国期间,写了政论集《我的会谈录》和《在美国》。在这期间,高尔基还完成了剧本《敌人》和长篇小说《母亲》的第一部。

在世界文学史上,长篇小说《母亲》是一部划时代的巨著,是社会主义文学的奠基作品。

《母亲》的人物和素材来自真人真事。1902 年,巴赫宁县索尔漠沃区(现为高尔基市的一部分)的革命工人举行了"五一"游行,游行的组织者工人扎洛莫夫被捕,他的母亲安娜继续儿子的事业。扎洛莫夫被判终生流放。在监狱期间,高尔基对他给予了极大的关怀,积极组织为他辩护。

1905 年,扎莫洛夫从流放地逃回来,专程去芬兰会晤高尔基。高尔基详细询问了他的生活和革命情况。《母亲》就是以索尔莫沃的工人运动为背景,以扎洛莫夫母子的英雄事迹为素材写成的。

小说通过青年工人巴威尔及母亲尼洛夫娜献身革命的事

迹,反映了 20 世纪初俄国国内的革命斗争。

工厂像一头怪兽一样吞噬着工人的血汗。老钳工米哈伊奇·弗拉索夫是工厂里最好的钳工。但他对上司态度粗鲁,所以得到的工钱总是很少。

他精神十分苦闷,于是经常酗酒,还和人打架,回家后就拿妻子尼洛夫娜出气。弗拉索夫不久就因病去世了。

母亲尼洛夫娜是个受尽生活折磨的人,长年累月的劳动和丈夫的毒打已把她折磨坏了,她走起路来没有一点声响,整天带着哀愁和不安的神情。整个人显得柔顺又悲哀可怜。

丈夫死后,儿子巴威尔也成了工人。刚开始,他也像父亲一样苦闷地喝酒、抽烟。

但不久,巴威尔发生了变化。他开始拿书回家用功了,那些粗野的话也从他的谈吐中消失了。巴威尔告诉母亲,这是因为他看了一些禁书,明白了一些道理。巴威尔还谈到母亲生活痛苦的原因,母亲暗自惊奇。

不久,巴威尔和少数青年工人在革命知识分子的帮助下,接受了革命思想的影响。他们在母亲家里秘密组织了革命小组。

工厂里出现了他们秘密散发的传单。宪兵逮走了两个工人,母亲看到这一切,眼睛里涌出了无可奈何的眼泪。

不久,发生了“沼地戈比”事件。工厂周围有一片滋生蚊蝇的沼泽地。厂主借口改善工人生活条件,宣布从每一卢布工资中克扣一戈比作为排水的费用。

巴威尔在自发组织的群众大会上挺身而出，一方面积极支持和领导工人同厂主进行面对面的说理辩论；另一方面，他向工人群众宣传马克思主义革命思想，号召他们团结起来，自己解放自己。但由于广大工人尚未觉醒，巴威尔也缺乏斗争经验，在演说时过多地讲道理。结果，厂主一出现，工人们马上惶惑地给他让路，还有人脱帽、行礼。斗争以失败结束。当晚，巴威尔被捕了。

"沼地戈比"斗争失败后，母亲目睹了警察搜捕革命者的野蛮暴行，既害怕又憎恨。但她终于迈出了革命的第一步，代替儿子去工厂散发传单。当然，她的行动主要是出于母爱，是为了营救自己的儿子。

沙皇抓不着巴威尔等人的把柄，只好把他们放出来了。经过"沼地戈比"事件和狱中斗争，巴威尔逐渐成熟，工人群众日益觉醒。"五一"前夕，同志们决定举行游行活动。巴威尔不顾女友沙馨卡的劝阻，毅然担负起领导和指挥游行示威的重任。在游行示威过程中，巴威尔威风凛凛地高举红旗，走在队伍的最前列，工人们像铁屑被磁石吸住一样，紧紧地聚集在他的周围。他们高呼口号，高唱战歌，同前来镇压的反动军警英勇搏斗。

"五一"游行遭到了沙皇政府的野蛮镇压，巴威尔再次被捕。

母亲在游行过程中,始终与儿子在一起。她也同敌人进行了搏斗。儿子被捕后,她主动向周围的群众宣传革命道理,这表明她的革命意识已经觉醒。

尼洛夫娜作为一个自觉的革命者,开始参加党所领导的革命斗争。她经常冒着生命危险,不顾艰苦劳累,到工厂、农村去散发书报和传单,向农民宣讲革命道理,执行秘密联络任务,营救被捕的革命同志。她的眼界开阔了,斗争经验丰富了,不再害怕敌人,也不再笃信上帝了。

巴威尔在被捕后遭到审讯,他把法庭变成了斗争的阵地。他大义凛然,发表了激昂慷慨的演说,痛斥沙皇专制统治的暴行,宣布共产党人推翻资本主义、实现社会主义的战斗纲领:"专制制度不是束缚我们国家的唯一锁链,它只是我们必须从人民身上最先打碎的第一道锁链,现在我们要求获得足够的自由,使我们将来能夺取全部政权。我们的口号很简单——打倒私有制,一切生产资料归人民,全部政权归人民,劳动是每个人的义务。"巴威尔终于成长为一个成熟无产阶级的革命战士。

巴威尔被判处流放,母亲觉得十分难过。但是人们纷纷围过来安慰她。同志们把巴威尔的演讲稿印了出来。母亲主动要求去送发这些传单。但在车站候车时,她发现自己被严密盯梢了。她沉着镇定地将随身携带的传单向群众散发,然后再进行鼓动宣传,当军警残暴地抓住她时,她喊出了:"真理是用血的海洋也扑灭不了的……"

《母亲》是高尔基经过长期探索用新的方法写出的新文学的典范作品。

1907 年,高尔基写出中篇小说《夏天》,他以对农村题材的独到开掘而独树新帜。小说展现了觉醒的俄罗斯农村，一代青年农民追求真理，充满革命乐观主义的战斗生活气氛，一扫当时的其他作品清一色的对农民的晦暗描写。

1913 年，沙皇政府为纪念罗曼诺夫王朝建立 300 周年而宣布大赦，列宁便写信劝高尔基回国。年底高尔基回到了圣彼得堡，国内人民将高尔基作为革命文化战线上的一面旗帜来欢迎。

高尔基回国后的第一件事，就是组织自己的文学队伍，培养自己的文学新人，发表指导文学创作与文学批评的理论文章。

1914 年，他编辑出版了第一本《无产阶级作家选集》，并预言无产阶级革命的艺术繁荣时期即将到来。他尽全力支持《真理报》的工作，为它捐款、撰稿。

1914 年初高尔基的自传体小说三部曲之一《童年》开始在《俄罗斯言论报》上连载，顿时引起文坛震动。1916 年自传体小说三部曲之二《在人间》在《纪事》上发表。1923 年，高尔基的自传体小说三部曲之三《我的大学》完成并发表。

自传体小说三部曲是高尔基的主要作品之一，也是非常成功的传记作品。它既鲜明地展示了作为主人公的作家从童年到青年所留下的足迹，又形象地反映了俄国 19 世纪 70—80 年代的社会政治面貌，同时把二者有机地结合起来。

在作品中，作者把社会历史生活作为主人公性格发展的背景和条件，而主人公又通过生活的某一角度来反映时代。

　　自传体小说三部曲的创作,标志着作家创作中一个新时期的开始。

　　长篇小说《阿尔达莫诺夫家的事业》发表于 1925 年,共四部分,是高尔基晚期创作中最卓越的作品之一。

　　在作品中,伟大的作家高尔基站在无产阶级世界观的高度,以其天才的艺术描绘,通过这一家三代人兴衰的历史,真实生动地反映了俄国资产阶级发生、发展和衰亡的整个历史过程,为我们提供了一幅十月革命前半个多世纪俄国社会生活独特的历史画卷。

　　阿尔达莫诺夫一家"事业"的创始人伊里亚,原是拉特斯基公爵家里的农奴,做过乔治公爵田庄的总管,到农奴解放的时候,脱离了公爵,得到了一笔酬劳金,决定开一个麻布厂,创办自己的事业。

　　老阿尔达莫诺夫精力充沛,能够冲破一切阻力,推进"事业",把自己的意志强加给别人。他开麻布厂需要亚麻,可是人们说这里的农民不种亚麻,他就说:"那要叫他们多种。"

　　伊里亚·阿尔达莫诺夫是这一家"事业"的创始人,是俄国第一代资本家、俄国资产阶级上升时期的代表,他体现了资产阶级上升时期那种所向无敌的创业精神和作为一个掠夺者的血腥本质。

　　就在阿尔达莫诺夫这一家"事业"蒸蒸日上之际,老阿尔达莫诺夫在抬锅炉的时候,因用力过猛稳血管破裂而死。

　　老伊里亚死后,他的大儿子彼得成了厂主。他是宗法式思想比较浓厚的资本家,内心充满矛盾,在生活中找不到位置,因而感到空虚、苦恼,最后变成行尸走肉。

　　彼得的弟弟阿列克赛是自由资产阶级的代表,他比彼得精明得多，力图用欧化改革和自由主义的空谈来巩固自己阶级的统治。但他生活在资本主义走向没落、无产阶级登上历史舞台的时代，他的努力也是徒劳的。

彼得的另一个弟弟，驼子尼基达看到了本阶级的罪恶，为了逃避生活，他进了修道院，后来变成一个令人厌恶的怪物。他的道路是资产阶级个性蜕化的又一种表现。

阿尔达莫诺夫家的第三代生活在资本主义垂死的时期，他们不仅比祖父一辈，而且比父亲一辈都渺小得多，他们是个性毁灭最好的证明。彼得的小儿子亚科甫吃了就睡，过着动物式的生活。十月革命风暴中，他从家里逃了出去，在火车上被人痛打一顿，像废物一样被扔到车厢外去了。

在这个家庭中，唯一具有优良品质的是彼得的大儿子小伊里亚。他背叛了自己的家庭和阶级，走上了革命道路。作者通过他的道路指明，出身剥削阶级家庭的人唯一的出路是背叛家庭，参加革命。

小说《阿尔达莫诺夫家的事业》是俄国资产阶级兴亡的历史画卷。高尔基塑造的伊里亚的典型形象，丰富了俄罗斯文学的人物画廊，填补了空白。这是高尔基的重大贡献之一。

《克里姆·萨姆金的一生》是高尔基从 1925 年到 1936 年，花了 10 多年的心血创作的最后一部长篇史诗。这部规模

宏伟的长篇巨著,从某种意义上说,是作家一生创作活动的总结,就其思想内容与艺术成就而言,也是20世纪苏联文学和世界文学史上所罕见的,可以称得上是十月革命前40年俄国社会生活的百科全书。

《克里姆·萨姆金的一生》是高尔基最杰出的艺术成就之一。正像卢那察尔斯基说的,《克里姆·萨姆金的一生》是高尔基"意义最重大、内容最丰富的作品之一"。这部"卓越的史诗"是"我国社会史上了不起的四十年的编年史,这四十年把我们一直引到最伟大的世界性革命的深处"。

克里姆·萨姆金是个非常渺小的个人主义者,他出身于一个民粹派分子的家庭。他的父亲喜欢标新立异,想给他取一个独特的名字,于是就起名叫萨姆逊,这是《圣经》上一位英雄的名字,但当他看到可怜而孱弱的婴儿后,便匆匆地给孩子洗礼,最后给孩子起名叫克里姆,一个普通百姓常用的名字。

克里姆的长辈从小就教育他要标新立异,所以克里姆认为"总得要瞎编些事情出来才成,否则的话,成年人谁也不会注意你"。因此克里姆从很小的时候起就好撒谎,好表现自己。

在相当长的一段时间里,克里姆没有一定的政治立场,起初他相信民粹派,后来又不得不戴上马克思主义的假面具。1905年革命前夕俄国日益高涨的革命情绪,使克里姆成了社会民主党人,他阅读马克思、列宁的著作,同布尔什维克、孟什维克有了交往。由于朋友的牵连被捕过。他表面上和革命者在一起,内心却充满对革命的敌视。宪兵军官看了他的笔记建议他去警察局服务,因此他时刻准备出卖革命。为了逃避革命,克里姆在12月莫斯科武装起义时逃往外省。1905年革命失败后,克里姆徘徊于十字路口。

1907—1917年间,克里姆走上了反动道路,他的信仰和思想都极端反动。克里姆说尼古拉一世镇压群众"是自卫,每个人都有权保卫自己"。他说生活把人们骄惯坏了,确实应该有一种能使所有的人都得服从的暴力。

克里姆总是标榜他"超阶级"、"无党派",幻想维护个人的绝对独立,走中间道路。

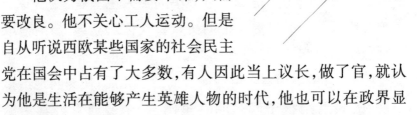

他认为俄国不需要革命,只需要改良。他不关心工人运动。但是自从听说西欧某些国家的社会民主党在国会中占有了大多数,有人因此当上议长,做了官,就认为他是生活在能够产生英雄人物的时代,他也可以在政界显露头角。

但是俄国资产阶级姗姗来迟,当克里姆开始想到政权的时候,俄国无产阶级已经走上了历史舞台,他的幻想也就无法实现了。

1917年,列宁回到彼得堡。他听了列宁的演讲后认为,列宁是他的私敌。在圣彼得堡广场,工人发生了自发的示威游行,萨姆金最后被游行的群众踩死。

《克里姆·萨姆金的一生》形象地、入木三分地刻画了极

端个人主义者的典型——克里姆,他那
可笑的外表和丑陋的思想使他成为世界
文学中的一个令人难忘的形象。

通过这个形象的刻画,高尔基艺术
性、哲学性地概括描绘了 40 年的历史内
容。高尔基成功地同时担任了一个文学
家和一个历史学家的任务,《克里姆·萨
姆金的一生》是高尔基最后的杰作。

高尔基把他一生中近 50 年的岁月
献给了文学这项创造性的事业。在他的
创作中,成功地表现了新的俄国,革命的
俄国,不仅表现了俄国的两次资产阶级的民主革命,而且成功
地表现了揭开人类历史新纪元的伟大十月社会主义革命。因
此,这位俄国和世界文学巨匠的创作具有世界意义。

1936 年 6 月 18 日,世界文坛一颗巨星陨落了。高尔基在
哥尔克逝世。终年 68 岁。

第三章

"幽默文豪"马克·吐温

◉ 顽皮少年

1835 年 10 月 30 日,在美国密苏里州门罗非常偏僻的村庄弗罗里达,一个男孩呱呱坠地了。小男孩的出生让这个仅有 100 人的小村子的人口增加了百分之一,而他的贡献远不止这些。

他的父母叫他塞缪尔·朗荷思·克列门斯,孩子长大后又给自己起了个名叫做马克·吐温。

马克·吐温的童年,和其他孩子的童年一样充满了儿童

特有的乐趣和恐惧。

这里面没有任何迹象表明他将来一定会成为作家,甚至在他还是个孩子的时候,他比正在读这本小传的你更顽皮更淘气,更没有大人所一贯期望的那种好孩子的"品质"。

马克·吐温的童年及青少年的故乡是弗吉尼亚。

他们一家是在当时西部移民狂潮的激荡下搬到这里来寻求好运的。

但是他们一家人的生活却始终也好不起来。他的父亲叫约翰·马歇尔·克列门斯,是镇上唯一的一名法官,是一个严肃、正直而又拘谨的人,镇上很少有人听到他的笑声,但他却是一个铁面无私的执法者。

这个家庭的成员还有母亲沽思·克列门斯、姐姐帕梅拉、哥哥奥利安和两个淘气的男孩子——本书的主人公马克·吐温和他的弟弟亨利,以及这家的女主人作为陪嫁带过来的女黑奴珍妮。

马克·吐温童年时代居住的汉尼巴尔镇,是个正在发展中的西部小镇,就像现在影视作品中所展示的那样,这个小镇也充满了垦荒者的浮躁气息,人们动不动就拔出枪来。法官的正直和严谨并不能挣来面包和温暖,一桩枪杀案,法官记录了28次口供,颇费苦心地用正楷书写了135万字,却只能得到13块5毛钱的手渎费!为了生活,法官不得不打发奥利安这个家庭的长子,一个弗吉尼亚绅士的儿子和梦想成为演说家的青年去印刷厂学手艺,已经19岁的帕梅拉也给人家教钢琴和吉他,帮助家里维持生活。

但就是在这样的生活环境中,马克·吐温的童年生活并不缺少乐趣,而这些乐趣又没有一个不是与他的调皮与逃学联系在一起的。

在这个小镇的南面,有一个被孩子们称为"情郎跳"的山峰,距小镇两英里的密西西比河的河岸上,则有一个被孩子们称为"麦克杜威尔山洞"的石灰石岩洞,还有箍桶匠们用来泡胡桃木的熊湾,这些都是孩子们的"强盗窝",是他们施展自己调皮才能的最好场所。麦克杜威尔山洞是一个由许多地下通道构成的望不到尽头的迷宫,对胆大的男孩子和旅游者具有特别的吸引力。

这个洞之所以叫这么一个奇怪的名字,是因为它的所有权属于一位脾气古怪的外科医生麦克杜威尔,他曾"为了入侵墨西哥"在这洞里储存了一尊大炮和 500 件小武器。他还把他的一个 14 岁夭折的女儿的遗骸用酒精泡着,装在一个用铜密封的玻璃圆筒里,也安放在洞里。

这个圆筒放置在一根架设于一个狭窄的通道里的横杆上,盖子可以启开,那些有病态的好奇心的人可以拽着尸首的头发来观看死者的面孔。

即便没有这具尸体,这个石灰石的洞也是个相当神秘的地方。洞里有无数的蝙蝠,它们一见亮光,就大群大群地猛扑过来,把探险者的蜡烛扑灭。淘气的孩子们经常在这个洞里玩"海盗"游戏,并常常把一只只死蝙蝠带回家里,有一次,马克·吐温还在这个洞里迷了路。

那天,马克·吐温参加野餐会后跟着其他同伴进了洞,他和他的"最要好的姑娘"小安娜·萝丽手牵手随随便便往前走,进了他以前从未到过的一些通道。他们在冰冷黏湿的石笋之间钻来钻去,试探了一条又一条通道,小姑娘哭了。蜡烛一支又一支地点完了,他们的心也快绝望了。就在他们最后一支蜡烛只剩一点点时,他们终于听到寻找他们的人们的呼喊在阴暗的通道里发出的回声。

除了汉尼巴尔,除了那个岩洞,还有一个马克·吐温一生都难以忘怀的地方,这就是他伯父的农庄。农庄在距佛罗里达州4英里的一个地方,在一座毫无生气的草场上,有一所木条栅栏围着的老宅院,这就是伯父的家,每次到这里来,小马克·吐温都像我们现在的孩子去国外旅行一样兴奋无比,这种心情一直保持到他成为一个白发老人的时候。

正如马克·吐温说过的"在十二三岁以前,我每年要到农庄上待些时间。我和兄妹们在那里的生活真是迷人,今天回忆起来还依然迷人。

"我至今能回忆起那树林深处充满庄严色彩的黎明时刻和神秘气氛,那泥土的气息,那野花的清香,那雨后一簇簇树叶的光泽,那一阵阵风吹过以后雨水的嘀嗒声,那树林深处啄木鸟啄木的声响,那丛林里野鸡的叫声,那受惊的野物刹那间在草上逝去——这些我全都回忆得起来,还如同当年一样值得赞美。

"我还能回想起那大草原上的沉寂与宁静,那大鹰在空中停着不动,张开了双翅,衬出了一片蓝天。我能见到那树林披上秋装,那紫色的橡树,那胡桃木涂上了金色,那枫树和黄栌一片血红,闪着光泽,还能听到我行进时一片片落叶发出的沙沙声。

"我至今还记得我伯父屋里质朴无华的木楼梯,上了楼梯再左转弯,在我那张床的上面是屋椽和倾斜的屋顶,一方块一方块的月色,映照在地板上,从没有挂窗帘的窗户往外望,只见一片白色的冰天雪地。

"我记得。在夏夜,大雨倾泻在屋顶上,躺着静听雨声,欣赏着电光闪闪,雷声轰鸣,这是多么快意。

"这是一间舒适的房间,装上了避雷针,从窗口就可以伸手摸到。在夏晚,这是可以爬上爬下的可爱的小玩意儿,以便有事时可以保持隐蔽。

"我记得怎样在夜晚和黑人一起玩捕捉猎物的游戏。还记得怎样在光线昏暗的林中长途远行。一只有训练的狗老远叫起来,宣布猎物已经被赶上了树。这时大家便一个个兴奋起来。接着是冲过荆棘、树丛,争先恐后,跌跌撞撞赶到现场,然后点起火来,把树砍倒。

"狗也好,黑人也好,全都高兴得发狂。红红的火光,映出了一片奇异景象——这些我都记得非常真切,一个个玩得兴高采烈,只是除了那个扮演猎物的黑人例外。"

"我记得那鸽子飞来的季节,成百万只,黑压压地遮满了树林。因为压得重,连枝条都给压断了。鸽子是被人家用棍子打死的,不必用枪,我还记得追捕松鼠,追捕松鸡,追捕野火鸡,以及这一类游戏。"

那田园牧歌的美景一直印在他的脑海里,而丹尼尔大叔讲的那个《金手臂》的故事在以后的岁月里也因为小马克·吐温的长大而广为流播,成为一个永远让人为之心醉的故事。但是到伯父家去的机会毕竟还是太少了,更多的时候,他不得不待在汉尼巴尔镇,这也就让他的童年生活在那流连忘返的生活中又见识了太多的死亡和血腥。

在这些死亡中,有的可怜,有的无辜,有的杀人者反而让人敬佩,而有人被杀了却还是遭人痛恨。马克·吐温就是在这样一次次血腥的杀戮中,学会了辨别是非。

在一个闷热的 8 月天,10 岁的男孩克林特·莱弗令、马克·吐温等一群汉尼巴尔的孩子们一起在河边玩。他们在一只空着的平底船上表演各人的绝技。克林特在别人的挑逗下,冒险跳进了他力所不能及的深水里。密西西比河的滔滔激流立刻把那孩子冲得远离岸边,顺流卷走了。

其余的几个孩子试图搭救他,但克林特心里发慌,跟着就沉下去了;他们只看到他的头浮上来一两次,就再也没有踪影了。

孩子们开始呼救,但赶来的几条渡船,谁也没能找到他。河上放了好些灌了水银的面包圈,因为当时人们相信,这样的面包有一种魔法,他会一直漂到淹死人的地方去,并且停在那里不动。

马克·吐温后来回忆道：

"在几年中,我们遇到了两三回悲剧,而倒霉的是我每一次都在旁边。有一个黑奴,为了一件小事触犯了人,便被人用铁渣饼活活打死。我看着他死的。还有那个年轻的加利福尼亚移民,被一个喝醉了的同伙用猎刀一刀刺了进去。我看见血从他胸中涌出来。

"此外还有那些粗暴的年轻的兄弟们和他那个上了年纪的没有什么坏心眼的叔叔的事。其中一个兄弟把老人按倒在地,用膝盖抵住了他的胸膛,而另一个兄弟则再三想用艾伦式左轮手枪打死他,可是手枪打不响。当然,我碰巧又在近边。"

从现在的眼光来看,马克·吐温的童年和少年时代,至少有这么几个人、几件事,在他的一生中,特别是对于他的创作,都留下了可谓是深远的影响。和我们一般人的经历相比,这的确有些不一样。

但真正能成就他的事业并支撑他一生的人,却是他母亲的言传身教。而他当时所处的特殊的社会环境,又使他不能不沿着这样的道路走下来。马克·吐温这样描述他的母亲:"她体型瘦小,但心地宽宏——宽宏到对每个人的痛苦和每个人的幸福都装得下。

"她对人以及对动物的兴趣是热烈、亲切而善意的。她总有理由原谅人家,包括最凶恶的,即使她自己为此而受累,她也不在乎。她天生是无依无靠的人的贴心人和朋友。

"我曾多次看到她赢得了那些不容易受感动的人表示赞许的眼泪。只要有什么人或动物受到压迫,她那属于女性和属于纤弱体型的恐惧心理便退到后方去了,而她那战士的品德便马上冲到前方来。

"有一天,在我们村子里,我看到一个可恶的科西嘉人,我们镇上谁都害怕的那个人,追赶着他家的大姑娘,冲过了一些小心谨慎的男公民身边,手里还拿着一根粗绳子,扬言说要把她捆起来。

"我妈妈给逃跑的人把大门开得大大的,接着非但没有在她身后把门关上,锁起来,而是站在门口,张着两手,不许人通过。那个男人咒啊,骂啊,拿他那根绳子吓唬她。可是她一点也不退缩,也没有一点害怕的样子。

"她只是站在那里,骂他,羞他,嘲弄他。她说话的声音在街中央听不到,可是对这个男人的良心,对他那沉睡着的男子汉的人性来说却是震聋发聩的。他请求她原谅,把绳子给了她,赌咒地说她真是他见过的最勇敢的女人,这样就扬长而去,从此没有再给她找什么麻烦。在这以后,他们两人成了好朋友,因为在她身上他找到了一个他一直在找的东西——一个不怕他的人。

"有一天,在圣路易,她走上街,把一个正在挥动鞭子抽打马头的赶车的粗汉子吓了一跳。因为她一把夺下了鞭子,接着替那匹无意中惹了事的马说好话。他终于承认自己不好,并且主动提出一个他当然不能信守的诺言——他从此再也不会虐待马匹了。"

母亲,在童年的马克·吐温心目中是神圣无比的。

她有着宽宏大量的性格,勇敢而又仁爱。父母是孩子的第一任老师,我们有一万个理由相信:马克·吐温在他的晚年能对"人"有那么深刻的见解,在和命运抗争的时候能够那么地坚强无畏,在创作中,能始终保持着"含泪的笑"的幽默风格,正是由于他有着这样一个伟大的母亲。

马克·吐温的整个童年和少年生活都是在贫困中度过的,而且随着他父亲的去世变得更加艰难了。他父亲的直接死因是一桩官司,这个经常用法律捍卫他人尊严的人,到头来却因为受了一个小人的愚弄,失掉了一个对他来说有关全家生活的打赢官司的机会。在他去世以后,马克·吐温一家就只好靠着奥利安在圣路易当印刷工和帕梅拉教钢琴挣得的一点少得可怜的钱来维持生活。这样,还只有 13 岁的马克·吐温就只好在征得母亲同意的情况下,中断了学业,到当地的一家印刷所去当学徒。

◉ 生活的独木桥

在马克·吐温的青年时代,有四种经历对他的一生产生了至关重要的影响,它们分别是旅行、找矿、做记者和演讲。

1856 年夏季,马克·吐温得到了一本关于一位美国海军上尉廉·路易斯·赫恩顿在亚马孙河探险的日记。他一下子就被这种奇异的生活吸引住了。

1857 年,他告别了他已经做了近 10 年的排字工作,乘坐"保罗·琼斯"号汽轮前往新奥尔良。船上有一个领港叫霍勒斯·比克斯比,慢慢地和他熟了起来,并成为好朋友。他常常教马克·吐温一些船上的技艺,而他在白天值班时,马克·吐温经常替他掌舵。马克·吐温到了新奥尔良后,便打听开往帕拉的船,发现根本没有船开往那里,并且在以后很长的日子里都不会有船去。在动身前往辛辛那提以前,没有料到这种情况,结果他去不成亚马孙了。

在新奥尔良,他没有朋友,也没有什么钱。马克·吐温就去找霍勒斯·比克斯比,请他把自己培养成一个领港。霍勒斯说这事很容易,不过得付 500 美元钱,先付 100 美元现款。条件就这样谈成了。在上行去圣路易斯时马克·吐温替他掌舵,并上岸从他的姐夫莫菲特先生那里借了这笔钱。不到半年时间,马克·吐温就成了称职的领港,直到内战爆发,密西西比河上的航运停止。

1858 年,马克·吐温在新奥尔良和圣路易斯的客运快艇"宾夕法尼亚"号上当舵手,船长是兰费尔特。他的主人比克斯比先生在这以前把他借给了"宾夕法尼亚"号上的领港之一布朗先生。马克·吐温终于实现了自己的夙愿。

当时,正值美国南北战争前夕,美国经济已经发生了惊人的变化,资本主义工商贸易正方兴未艾,作为贯通美国南北交通的密西西比河,正是贸易运输的繁忙时代。马克·吐温热爱航运事业,认真钻研技术,细心观察水路的奥秘,不久就掌握了领航技术,被提升为领航员,每月拿到 250 美元的工资。

这时他的哥哥奥利安的生活却愈来愈艰难。为了替哥哥分担忧愁,他每月都拿出部分钱来接济哥哥。与此同时,他还为他的弟弟亨利在"宾夕法尼亚"号客轮上谋到一个职位,做所谓的"蹩脚伙计"。"蹩脚伙计"没有薪水,不过有升迁的机会,也可能马上成为三等伙计、二等伙计,然后成为一等伙计,也就是成为事务长。

亨利做了三个月的蹩脚伙计后,船只停靠在圣·路易港。船只靠岸的两三天内领港和舵手都没什么事可做。不过,蹩脚伙计一清早就得干活,到夜晚还得点上松明火把干。亨利在船停泊码头时,晚上借宿在姐夫莫菲特先生家。亨利前半夜在家里,然后到船上去,为自己上早班做好准备。

船太太平平地开往新奥尔良,但出发时,马克·吐温和布朗先生干了一仗,结果布朗要马克·吐温在新奥尔良上岸。在新奥尔良,反正总能找到活干。马克·吐温找到一份看货栈的活,从晚上 7 点到第二天早上 7 点,可以拿到 3 美元钱。这是一连三晚上的活,每三五天安排一次。亨利总是到晚上 9 点钟下班以后跟他一起看守。他们兄弟情深,总是一起转悠,随便聊聊,一直到半夜。

这一次,他们要分手了,因此在开船前一天晚上,马克·吐温语重心长地对亨利说:"万一船出了什么事,不要慌,让乘客们去干蠢事吧。他们自有办法,他们自己会注意的。不过你得冲上最上层甲板,抓住左舷舵手室后面那唯一的一条救生船,听候大副的吩咐、命令,这样,你就能派点用处,船放下水以后尽量帮助妇女、小孩上船,你自己要注意不必混在里边。现在是夏天,河面照例只有 1600 多米宽,你不用费什么劲就游上岸了。"

两三天以后,一清早,船开到孟菲斯下面的船岛,锅炉发生爆炸。听到这个不幸的消息，马克·吐温心急如焚，他立刻跳上另一条船追赶"宾夕法尼亚"号。他每靠一次岸，都要打听有关那次不幸的事件的消息，因此等到他到孟菲斯的时候，整个事件的经过全知道了。

在一座大楼里，马克·吐温发现亨利躺在铺在地板上的草垫儿上，另外还有三四十个烫伤的、受伤的人。有人告诉他，亨利吸进大量蒸汽，身上的烫伤很严重，活不了多久了。

人家还告诉他说，医生、护士正对还有一线希望的人全力以赴地进行抢救。医生和护士人手不够，对亨利和其他受了致命伤的人，只能尽可能救治。但是，当地一位有名望的、心地慈悲的叫做佩顿的老医生很同情亨利。

他采取了有力的措施，经过一周左右的时间把亨利抢救过来了。有一天晚上 11 点钟，他对马克·吐温说，亨利危险期已过，会好起来的。他接着说："这里、那里到处躺着呻吟着的病人，如果乱糟糟的吵闹声影响到亨利，对他就不好。因此可以要求值班医生给他服用吗啡，不过必须是在有迹象表明亨利确实受到吵闹后才能服用。"

但值班医生是医学院还没毕业的年轻人，他们用错了剂量，结果马上产生了致命的后果。那时马克·吐温恰好走开了一会儿，因为极度困乏，他到一家人家睡了一会儿，不料恰恰在这时候出了事儿。亨利被送进了太平间。弟弟的死，使他非常悲痛。

在密西西比河上，除了掌握了领航技术，成了一名出众的舵手外,马克·吐温还得到了许多意想不到的收获。他亲眼目睹了许多市侩、赌棍、奸商、歹徒和流氓为金钱而施行的种种欺骗、敲诈等勾当,使他对社会、对人又有了新的认识。

密西西比河好像是一所社会大学。这段生活给马克·吐温留下了难以忘怀的印象。"马克·吐温"这个笔名,就是水手们测量水深时呼喊的声音。原意是"记下,两寻"(两寻等于3.6米),表明领航员可以放心地领航。

马克·吐温日后撰著的长篇小说《在密西西比河上》和《哈克贝利·费恩历险记》,都是以这一段生活为依据,以广阔的密西西比河为背景的。

密西西比河的波涛汹涌,象征着美国这个年轻合众国的躁动,那种洋溢着的活力,那种莽撞,那种在摸索中前进的热情,这一切都被马克·吐温集中地浓缩在6月里涨潮时刻的密西西比河上的一只木筏子上。

1861年,美国爆发了南北战争,密西西比河的航运一时萧条下来,马克·吐温也失去了领航的职业。

当时内华达州开拓不久,在一股淘金热潮吸引下,马克·吐温和哥哥来到内华达,在西部的加利福尼亚这个沸腾的边疆与"金山",加入了淘金的队伍。

他迫不及待地组织了一个勘探队,到亨博尔特去找矿。几十年后马克·吐温对于找矿生活是这样表述的:

"据我所知,挖矿穴在这星球上只限于很小的一个地区,就是在杰卡斯古尔奇附近。

"一个'矿穴'就是山腰里一个小块地方有一堆金砂。它离地面很近。雨水把一粒粒东西往下冲,冲到了山腰里,像扇子一般越来越大。挖矿工人把一盆沙用水淘,淘出一两粒金子。

"然后往右边或是左边跨一步，再淘另一盆，又淘出一两粒，然后再往右或是往左，一直到根据情况判断，到了扇形矿穴两侧的尽头为止——也就是再也淘不出金粒为止。其余的活儿就简单了——沿着山腰往上淘，一路找那个狭长的扇形最后追到矿床所在。也可能其中一只值几百块钱，几铲子便铲出来了。也可能是矿藏集中的地方，就可以发笔大财。他要找的便是这样一笔大财。只要人还活着，就不死心地千方百计地寻找。

"我这些朋友，天天在找这笔大财，已经找了 18 年了。他们从没有找到过，可是绝不气馁。他们深信终有一天会找到的。我跟他们在一起的那三个月里，他们什么都没有找到，可是我们过的是迷人的快乐的生活。

"我走了以后不久，一个墨西哥人逛荡到那里去，找到了一个矿穴，地点是在我的那些伙计们刚巧从未找过的山坡上，价值 125 万美元之多。运气就是这么一回事！老实、善良、坚韧不拔的人经常在不公道、邪恶的自然手里得到这样的款待。"

然而,马克·吐温的发财梦不久就被那一个个被自己挖出来的十几、二十几英尺深的坑道撞得粉碎。

就在他探矿的生活中,他也曾发过财,但那不是因为他找到了矿,而是因为他曾有幸成为一名记者。这是他在亨博尔特找矿陷入僵局的时候,一封来自弗吉尼亚城《企业报》的信告知他,他已被这家报纸聘为记者。就是从这个时候起他才开始以马克·吐温的名字出现。

马克·吐温的记者生活进展得非常顺利,他每天都要写两个栏目的本地新闻,他的采访方式就是"四处打听"。

他初次写的两栏新闻是以本城的日常消息为内容的:一列运干草进城的车队;有人被暴徒杀死在酒吧间;新近到达、露宿广场的移民谈的敌视白人的印第安人区的一场战斗的始末等等。

后来马克·吐温开始在全城采访,写了些本市的矿山生活,以及关于杀人犯和亡命徒的故事。这个故事是他添枝加叶地凑起来的。他写过一些给人印象深刻的新闻,介绍在两英里长的科木斯托克矿脉上开采的几家大矿——像古尔德—柯里矿、奥菲尔矿、墨西哥矿等等。在内华达州他记载了由于发现富矿而致富的暴发户的种种轶闻:有两个赶大车的接受了一张银矿股票,抵偿欠他们的运费,10个月后,他们成了每年有10万美元收益的富翁,不再赶车了;一位经营干草的牧场主用几英亩土地换取了小小的金矿的一部分股权,18个月后,他就获得了每月 3 万美元的收入。

马克·吐温还写了一些"盲掘"矿的情况,推算他们总有一天会发财;也描写了那些靠梦想过日子的人们。还有一些有毛病的矿井,所产矿石含量很低,有人却凭着痴心妄想,把它们吹得天花乱坠。

随着这些报道在报纸上频频出现,马克·吐温的名字也变得响亮起来。因为这个叫马克·吐温的人总喜欢把自己的感情也加进那些报道中去。这个时期,他写的抨击陪审员制度的《石化人》和讽刺"谎报"矿山股票红利行为的《帝国城大屠杀记》,不仅在弗吉尼亚引起了轰动,而且惹得全国各地的报纸纷纷转载。

这时他才 27 岁,就成了一位周薪高达 40 美元的知名记者,一个很有声望的人物。卡林的立法委员们对他的每篇文章都抱有特殊的敏感,矿山老板们拼命地巴结他,给他送干股。

由于他的工作异常出色,在《企业报》主编去外地度假的时候,他就被指定代理主编职务。

但是这一次,命运又一次捉弄了他,他作为代理主编给《企业报》写的一篇"社论",得罪了本城的报业对手《弗吉尼亚联合报》的老板。双方先在报上进行尖酸刻薄的攻击,继而当时流行的决斗也被人提了出来。尽管这场由双方的编辑而并非当事人挑起来的决斗只是在马克·吐温的射击教练一枪打碎了一只山雀的脑袋而草草收场,但马克·吐温却不能继续在这里待下去了。

马克·吐温去了旧金山,但这一次出门却与他当初要到亚马孙时的情景不大一样了。因为作为一个名记者,皮箱里装满了内华达银矿的股票,所以他乘驿车,住在当地最高级的"西方大旅社"的房间,晚上就去看歌剧、跳舞。

他只等股票看涨的消息。然而随着淘金热和西部投资热的迅速降温,马克·吐温手里的股票几乎一夜之间就成了一把废纸,所幸的是他身上的现钱还够付旅馆的账单。

由于囊空如洗,马克·吐温觉得没脸见人,但他在穷困中还要顾全体面,除了穿在身上的衣服,他把所有的东西都送进了当铺。

在公寓里,他因为付不出伙食费,只得悄悄地溜下楼去就餐。他竭力回避自己当初境况较好时结交的朋友和熟人。很少离开他的房间,免得在街上碰见他们。

他只好又拾起搁了相当一段时间的笔。然而,在经过了这样从顶峰到深谷的沉浮以后,马克·吐温对记者生活再没有以前的那种激情了。

每天早上9点钟,马克·吐温便得上警庭去一个钟头,对前一晚发生的争吵事件做一个简短的记录。一般是爱尔兰人与爱尔兰人之间的、中国人与中国人之间的争吵。偶尔变化一下,也有两个种族之间的争吵。每天的证据往往是前一天证据的翻版,因此每天的工作极端单调、沉闷。

晚上,他就往六家戏院去,去了这家去那家。

每周七个晚上,每年365个晚上,天天如此。每一处停留五分钟,把戏剧或歌剧看一两眼,然后凭这一点就"详细报道"这些戏和歌剧。

并且,如人们所说,一年到头,每晚上绞尽脑汁,力争在说过了几百次之后,对这些演出说些什么新鲜话。

"从每天早上九十点钟到晚上 11 点钟,为了搜集材料而辛辛苦苦工作了一天以后,我会拿起笔来,用词句凑成拙劣的作品,报道的范围越广越好。这委实是一件可怕的、没有灵魂的苦差事,可以说是毫无趣味。对一个懒汉来说,这是在服可怕的苦役,而我生来就懒惰。

"尽管我每天并不比 4 年前更懒些,不过那是因为我在 4 年前便已达到懒惰的顶峰。因而再也超不过去了。

"后来发生了一件事。一个星期天下午看见几个恶棍在追逐一个中国人,对他扔石子,这个中国人正沉重地背着信奉基督教的主顾们每周换洗的东西。我注意到,有一个警察颇有兴趣地从旁观看这场表演——只此而已。他没有出来干涉。我怀着满腔义愤写下了这个事件。"

但这次义愤让他再一次面对"广阔天地",他所效力的《晨访报》是憎恨中国人的爱尔兰人支持的。

主编为了这个原因,不得不把马克·吐温给辞退了。

然而,他对自己的那段"反思"一直像把刀子似的挖着他的心。他都 30 岁了,但在这 30 年里,除了为生活四处奔波以外,他一无所获。1865 年岁末,他以《萨克拉门拉联合报》特邀记者的身份登上了一艘名叫"艾杰克斯号"的游船,前往他心目中向往的美丽的檀香山。他和这家报纸约定了每月写 4 篇通讯,报道航行过程中的见闻,稿费是每篇 20 美元。

"艾杰克斯号"于 1866 年 3 月到达檀香山，马克·吐温马上就被这个花园般美丽的海岛给迷倒了。

他以每周 7 美元钱租了一匹马，花了 4 个月的工夫，骑马走遍了瓦胡、夏威夷和毛伊等岛。他登上了海拔 1 万英尺的哈莱亚卡拉死火山（它的火山口周长 30 英里，是世界上最大的火山口），然后赶回檀香山，去采访那条起火的快速帆船"黄蜂号"上 15 名死里逃生的幸存者。他们只带了 10 天的口粮，在一条一无遮挡的船上，度过了 43 个昼夜，通过阳光直射的热带，到达这里。

马克·吐温对人们料定必死无疑的这批遇难者所经历的折磨，做了极其生动的报道。正好有一条不定期的纵帆船驶往旧金山，他便把这条新闻寄去，引起了全国性的大轰动。但是马克·吐温的经济状况并没有因为这些出色的报道而好起来，尽管《联合报》付给他的稿酬比约定的高出两倍，但是由于平日赊欠，这笔钱早已记在别人的账上了。

几家戏院的主人劝他讲一讲夏威夷群岛的事，他答应了。他在旧金山租了一个剧场，然后登了一条广告："门票 1 元，7 时半开门，8 时开始势将出现麻烦。"然而这则马克·吐温式的幽默不幸还真的应验了。

麻烦的确在 8 时开始了。"我发现面前只有一个听众。我吓得从头到脚几乎都瘫软了。这样持续了两分钟，真比死去还要难受。关于这件事的记忆是永远磨灭不了的，但是这事也有其积极的方面，因为从此以后，我面对听众再也不怯场了。"

这样的开端并没有让马克·吐温灰心，他很快又组织了第二次演讲。这回到场的听众有 1500 人。而且在这次演讲

中,他终于听到了发自听众席上的笑声。

突然之间,前排的人看出了道道,就哄笑起来。

笑声往后传,往后传,往后传,一直传到每一个角落。

然后又往前传,然后再往后传。一分钟之后,全场笑声雷动,仿佛暴风雨一般。

"这笑声对我来说真是福音,因为我委实快精疲力尽了。我又累,又担心,差点以为我得一晚上站在那里,不停地讲这个趣闻,才能叫这些人明白我这是在讲一段巧妙的讽刺小品。

"我确信,我应该坚持下去,继续不断地把这段趣闻讲给他们听,直到把他们压倒为止。我抱着一个坚强不屈的信念,一再沉闷地重复这段话,最终一定能打动他们。"

3个月的演讲,他竟挣了1500美元! 这超过了他挖采金矿时期的全部收入。更重要的是:他为他下一步的旅行挣够了资金。旧金山的《艾尔塔·加州日报》向他约了50封"马克·吐温旅游书简"。

从此,马克·吐温的生活中便有一个饶有兴趣的连环套:

靠旅行见闻来挣稿费,获取演讲的材料,又用稿费和门票收入来继续含金量更为丰富、见闻也更加广博的旅行。

这种经历是早在他17岁的时候就有了的,那是1853年春天,他乘下水轮船从汉尼巴尔出发了,首先到了圣路易斯,在当地的《晚报》排字间工作,积攒他到纽约去参观世界博览

会的旅费。后来到了纽约终于在世界
博览会上饱了眼福。

当时他的全部财产只有口袋里的
3 美元，外加缝在上装衬衣里的一张
10 元大钞。在钱很快花光了之后，他
就再去当印刷工人。

可现在的马克·吐温却不同了。
他只要往剧院的台上一站，就会有数
不清的听众给他送来源源不断的旅
费。而当他为报纸写稿觉得还不过瘾
的时候，他就真的依靠他的丰富的见
闻，写了一本叫做《傻子国外旅行记》的书。

从此，演讲、周游、做记者就如此顺理成章地统一到了创
作上，马克·吐温的生活也就如同贫瘠的雪山上淌下来的小
溪在经过了许许多多的挫折之后，终于流到了一个浩荡而又
平稳的河道上。生活的独木舟终于驶进了崇高神圣的文学
殿堂。

◉ 和谐的伊甸园

马克·吐温结婚的时候已经 34 岁了。他的婚礼是在
1870 年 2 月 2 日举行的。新娘的名字叫莉薇。和他的找矿经
历不同，在情感的探矿行动中，他虽历经曲折，但是最后，他找
到的的确是一个可以和他相伴终生的爱人。

和莉薇·兰顿的认识真是纯属巧合。在乘"贵格城号"
赴圣地参观旅游的途中，马克·吐温结识了一位 18 岁的轻率

不羁的小伙子。他与马克·吐温一样不喜欢船上那些乏味的祈祷和多米诺骨牌游戏。

就在1867年9月的一个下午，他热情地欢迎马克·吐温到他的特等舱里去，和马克·吐温攀谈家里的一切情况，其中就包括他的姐姐莉薇。

"啊，你会喜欢她的，你非爱她不可。我们为什么不能一同在纽约相见呢？我们家里的人都会到纽约去过圣诞节，他们都从我的家信里知道你的一切了。我会告诉我妈，叫她准备一桌宴席，或是搞点别的名堂。"

结果就真是这样安排了。自从"贵格城号"返航以来，马克·吐温就在华盛顿当新闻记者，为的是挣点钱来维持生活，从事《傻子国外旅行记》的写作；终于他借口到纽约来，与他当初在"贵格城号"船上的同舱旅伴共度圣诞节，并进城来和那张照片里的美丽姑娘莉薇见面。

1867年12月27日的夜里，天气非常的寒冷，可是马克·吐温的心里却是热得像一团火，因为就在这个晚上，他就要见到他已经向往了很久的姑娘了。

兰顿一家人下来的时候，查理就把马克·吐温介绍给他的姐姐莉薇。她的一切都与马克·吐温所想的完全一样——一个22岁的矮小而娇弱的姑娘，长着一双庄重的黑眼睛，宝石浮雕似的面貌，一头乌黑的直发从中间分开，很认真地梳成了一个发髻。

她虽已22岁，却不失少女的风度，没有妇人的气派，因为她过着深居简出的生活。她长得白净可爱,穿着一条绣花的带裙环的裙子,显得端庄典雅,很符合马克·吐温的理想。

马克·吐温一往情深地爱上了这个具有维多利亚时代优雅风度、美貌、高洁善良的姑娘,被她迷住了;他一见到莉薇,就不由自主地堕入了她的情网。

但是,马克·吐温的求婚并不顺利,开始是莉薇自己犹豫不决,毕竟她是生活在那么一个严密的受到特殊保护的环境里,出去散步和乘车游玩都有家人陪伴着。

但马克·吐温却是完全不同的,他是个从小就淘够了气,又在密西西比河和亨博尔特的山野里苦惯了的野孩子。

莉薇的家人认为他的那些出于真诚的举动是不能允许的。因此,他满怀信心的求婚必然要碰钉子。

就在他的第二次求婚第二次遭到拒绝的时候,一匹拉车的欢蹦乱跳的马在这紧要关头帮了忙。马克·吐温乘上一辆普通的马车,离开兰顿家的大门,到火车站去,偏巧因为拉车的马听到车夫甩鞭声,突然间猛跳一下,马克·吐温便被掀下车来了。他的脑袋朝前,摔到了一条大鹅卵石砌的明沟里。

他的头根本没有碰着那些鹅卵石,他一点也没有摔伤,也没有受到震荡,"我什么毛病也没有,兰顿家的人都拥出来了,大家围在身边,发出怜恤的声音,使我听着非常痛快。这是我一生中最高兴的几分钟的感受。"

这种快感毫无美中不足之处,只可惜他并没有受到什么损害。他唯恐这迟早会被人发觉,使他在这里待不了多久。

马克·吐温被抬回兰顿家里,他装作有医生检查不出的某些伤痛,在莉薇家里多住了3天,受到她满怀同情的护理。

但马克·吐温有自己的策略和执著的诚心。根据笃信宗教的兰顿家的特点,他要求莉薇帮助他改正自己性格上的缺点,而这一点是不能拒绝的。他和莉薇的恋歌就靠这样的方式继续下来了。

后来,他们终于结婚了。婚后的生活带给马克·吐温的是无穷无尽的生活上的乐趣和创作中的灵感。

这个从13岁起就挑起家庭生活重担,并一直浪迹河海的"独木舟"终于有了自己停泊心灵的宁静港湾。

从写作《傻子国外旅行记》的时候起,莉薇就一直是马克·吐温的顾问和编辑,她给他的不仅是生活上的照顾和满足,在他的整个创作生涯中,莉薇也起到了不可替代的重要的作用。这个一直不善于理财经营、甚至挖矿也找不对地方的人,在婚姻的探宝行动中,却找到一处富矿脉,它一直沿续了将近40年。

1870年11月7日,35岁的马克·吐温当了父亲,这使他非常兴奋。

在这以后的日子里,马克·吐温为了养家糊口,不得不经常到处讲演,他的行踪遍及美国的东部和中西部。他讲的都是他的探矿生涯中听来的故事。在每次巡回演讲中,他总是穿戴着海豹皮的大衣和帽子,就像舞台上的戏装,让人们发愣甚至惊骇不已。

莉薇的身体不太好,在那些日子里,她一直试图说服丈夫能够用她自己从父母那里继承来的钱,放弃使他们分离的可恨的讲演生活。但划惯了生活独木舟的马克·吐温却不肯轻易放下自己手中这只特别的桨。

他要用自己的努力使这个家庭变得更加气派,尽管他也是那么渴望留在家里,留在娇妻幼子的身边。他思念亲人、渴

望写作,但是却不得不一夜接一
夜地给人讲故事,但他还总要给
莉薇写信,鼓励她坚定生活的
信念。

1872 年,马克·吐温的第二
个孩子奥莉维亚·苏珊·克列
门斯出生了。他们一家人把她
叫做"苏西"。

这一年的 2 月,马克·吐温
在英国经过两个半月的巡回演
讲之后,回到哈特福德,看到他

那新建成的房子,他兴高采烈——这是 37 年来他的第一个安
定的家。

但是马克·吐温在哈特福德这所房子里定居以后,就算
是抛锚了。他在那里写作,其中包括在夸里农庄上的工
作——克列门斯一家每年夏天在那里住三个月。

那里有一间长满藤蔓的八边形小屋子,周围有许多树木
和花草。马克·吐温独自在这里,无人打搅,每天从上午 10
点到下午 5 点从事写作,度过夏季。那间小屋七面有窗,可以
观赏外面的山谷和希芒河的风景。1874 年 6 月,马克·吐温
在这里开始写他的最重要的名著之一,《汤姆·索亚历险
记》——他的第三个孩子克拉拉·兰顿·克列门斯就是在这
里出生的。

夸里农庄那种幽静的乡村美景,马克·吐温在哈特福德
可以长期安居的住宅,一个亲密的家庭的乐趣,给他的许多作
品提供了主要的题材。

他的写作生活顺利地延续了17年。他在小说般的环境中重新寻觅童年时代的乐趣。他的三个女儿都慢慢地成长起来,到了青春的年华,而他自己却正如威尔士所说的那样,"直到晚年,始终是一个小伙子,具有一个少年的心肠,却有一个贤哲的头脑。"

马克·吐温是一个勤快又充满爱心的父亲,在哈特福德他自己设计的舒适的房子里,他的三个女儿度过了她们远比她们父亲幸福得多的童年。在他写作休息的间隙,几个女儿就像欢蹦乱跳的小羊围着老山羊吃奶一样地让马克·吐温讲故事。

夜晚,马克·吐温抱着一个啼哭的孩子,低声唱着催眠曲,在屋里来回走着,给莉薇分担护理孩子的工作。孩子们在他的呵护下渐渐长大。

也许命运就要和这个曾在密西西比河上当过领航员的人过不去。他的生活的航程尽管充满了那么多风光旖旎的景色,但是也总有那么多的不幸不时地像航道上的暗礁旋流一样磨砺他的神经。在他那幸福而又充满了曲折的一生中,他总共送走了8位亲人,而属于他那个"伊甸园"里的,就有4位,他唯一的儿子兰顿只活了不到14个月,就因白喉症而去世;1896年8月18日,长女苏西在没有任何家人陪伴的情况下,在哈特福德离开了他们。

1904年6月5日,他失掉了自己最钟爱的妻子;1909年12月24日,就在马克·吐温口授自传近乎结尾的时候,他又不得不为另一个女儿吉恩添上最为惨痛的最后一章悼念文字。

在他那部总共 79 章的《自传》中，专门用来纪念亲人的就有好几章，其中，第 66 章是纪念苏西的，第 68 章、第 71 章是写给莉薇的。而最后一章，是写给吉恩的。可以想象，一个人，在头发已白的日子里总是提到这些伤心的事是何等的感伤！

身体越来越差，老感到胸口痛，医生也告诉他那是心绞痛，劝他不要操劳过度，但是他仍然不肯放下手中的笔。除了《天堂游记》，他在生命的最后几年还写了《地球来信》、《夏娃日记》、《失去的机会》等一批洋溢着发自内心的幽默的作品。

他的调色盘并没有干涸，他仍然运用着各种色调，时而发表尖刻辛辣的讽刺文章，时而发表充满敦厚、欢乐、真正抒情的作品。

晚年的马克·吐温仍一如既往地热爱生活，他喜欢活动，说话不饶人，常常与人争得面红耳赤。

他还十分注意仪表，一年四季总喜欢穿一套白西装，有人对他指指点点，他也毫不在意，甚至还专门选择最热闹的街道

去散步。

一次,他应邀去一个名叫《启蒙协会》的慈善机构观看《王子与贫儿》的演出。马车行到那里,他发现,剧院门口被一群穷孩子围得水泄不通。

他默默地下了车,朝他们走去。

孩子们一见到他,都充满敬意地大声向他致意。他们肯定已经知道 ,他们即将看到的那出戏就是这位白发老人写的。

他微笑着向他们挥挥手,算是作答。走到近前,他还挨个儿摸了摸他们的头。

这次邂逅给其中一个孩子留下了深刻的印象。这个孩子后来也成了一个作家,他的名字叫高尔德。

马克·吐温的作品和行为都表现出他对人的强烈的爱,充满了心灵的美和青春的活力。

他曾说:"人如果降临人世时是 80 岁,以后慢慢变年轻到 18 岁,那他就无比幸福了。"

1909 年,马克·吐温的小女儿珍因癫痫发作突然死去,这对年迈的马克·吐温来说无异于雪上加霜。当天晚上,马克·吐温写道:

"她躺在那里,我坐在这里写东西,竭力不使自己闲着,免得心碎……昨天我是 74 岁,谁知道今天我多少岁了?"

作家的心绞痛越来越厉害。他被送到暖和而又安静的百慕大去疗养。

在那里,马克·吐温和房东的小女儿混熟了,成了好朋友。他很宠她,常给她说笑话,笑话里总带有"西部"幽默的风格。

小女孩和一个跟她年龄相仿的伙伴亚瑟很要好,马克·吐温就装出一副吃醋的样子,称那小男孩是"杀人强盗",还让人送了一本书给小女孩。书中附有一张字条:

"让亚瑟读这本书,里面有一页是浸过毒的。"

马克·吐温的病情日益恶化,从百慕大回来的路上心脏病频频发作。

他知道自己快不行了,还开玩笑地写了一份条令,规定自己到了天国门口该怎么办:

"请把狗留在天国门外。天上也是讲情面的。如果天上论功办事的话,就会让狗进天国门而不让你进去。"还有,千万别给罪人喝水,否则"人家会抓住你,以后天上谁也不会尊敬你了"。

在一次发病时,马克·吐温艰难地说:"我快要死了,我马上就要死了。"

另一次发病时,他对一个朋友说:"我很可怜你,但是我也没有办法,我怎么也无法加快死亡的速度。"

直至生命的最后一息,马克·吐温还是那样诙谐幽默,毫不畏惧地迎接死神的到来。

1910 年 4 月 10 日,马克·吐温咽下了最后一口气,与世长辞,享年 75 岁。

他用他毕生的精力写下了许多脍炙人口的中篇、短篇、杂文、剧作和信件,为美国文坛和世界文坛留下了一笔巨大而珍贵的文学财富。

他的作品被译成中文、俄文等许多国家的文字,受到老、中、青、少各个层次的读者的欢迎。

20 世纪过去了,新的一个世纪已经来临,可是我们仍然记得这位以笑为武器的美国作家,我们依然在研读他的作品,领略他那善意的幽默和尖刻的嘲讽。直到今天,我们仍能感受到他作品中的活力。

我们深信,马克·吐温将和他的作品一道与世长存!

第四章

"文坛泰斗"海明威

◉ 幸福的童年

1899 年 7 月 21 日,在美国伊利诺伊州芝加哥效区小镇橡树园,一代文学大师厄内斯物·米勒·海明威呱呱坠地了。

童年的海明威是幸福的。他对一切新鲜的事物都非常好奇。他活泼好动、顽皮可爱。他喜欢看图画册和听故事,喜欢给家人和他感兴趣的物件取各种各样的名字,甚至于喜欢缝衣服。

幼儿园之后,他对大自然产生了极大的兴趣,加入了由他父亲组织起来的自然学习小组,经常钻到树林中去采集标本,或到第斯普灵河两岸的灌木丛里识别鸟类。5 岁生日时,他的外祖父霍尔送给他一台显微镜,他对此爱不释手,用它认真地研究自己采集到的岩石和昆虫标本。

有趣的是,这时候的海明威完全被盛装打扮成一个女孩形象。远在维多利亚时代,英国就有把男孩子打扮成女孩子的风尚,具有英国血统并以此为傲的海明威的母亲,大概出于对这种风尚的留恋,刻意把海明威和他姐姐马塞琳打扮成一对双胞胎,穿着绒毛蓬松、镶着花边的衣服,戴着花哨的帽子,留着长长的头发,直到 6 岁后,他才慢慢改着男装。

海明威的母亲格莱丝·霍尔是一位天才的女低音歌手。她金发碧眼,肤色红润,性格开朗。尽管由于疾病(7 岁时患家族的遗传病猩红热,有几个月眼睛几乎失明了,成年后害怕舞台灯光)和婚姻,使得她未能在大都会歌剧院的舞台上大放光彩,但她终生没有放弃对艺术的追求。

她讨厌做饭、刷碗、洗衣服、打扫卫生等日常家务活,把全部精力都贯注在她的演出活动和艺术生涯。

海明威的父亲埃德,是一位颇有成就的妇产科专家,他一生中接生过大约 3000 个婴儿,其中也包括他自己的 6 个孩子。

埃德精力充沛,活力非凡,不喜欢沉溺在梦想中,讲求实效,热爱大自然和各种户外运动。他要求孩子们生活必须有规律,注意整齐清洁。

母亲给予了海明威超凡脱俗的气质和出类拔萃的艺术才华,父亲则给予了他魁梧的身材和高超的运动才能。从母亲那里,他学会了歌唱和拉大提琴,从父亲那里,则学会了钓鱼、打猎、游泳和做木工活。

父亲的言传身教和祖父安森、外祖父霍尔(两人都参加过南北战争,并有英勇非凡的表现)讲述的战争故事的熏陶,造就了海明威一生的特性:喜爱渔猎,勇武好斗。

2 岁多一点,他就开始玩战争游戏,把拾来的木片、木棍比作大口径短枪、长枪、来复枪、左轮手枪等。5 岁时的一天,他急匆匆地跑进外祖父的房间,欣喜若狂地告诉霍尔,他赤手空拳单手拦住了一匹惊马。

霍尔为此大为高兴,对海明威的母亲说:"丫头,你听我说,这孩子总有一天会有名声的。如果他遇事多动脑筋,走正道,将来准能出人头地。但若纵容自己,走邪路,将来坐牢也一定有他的份。"

6 岁时,他在学校的柴房内,捆住了一条睡着了的豪猪,然后兴致勃勃地用斧头把它砍成了碎块。同年,霍尔被战争中留下来的伤痛折磨得受不了,企图自杀,由于埃德偷偷地把子弹卸下来了,因而自杀未成。幼小的海明威则认为,父亲不让受伤痛折磨的外祖父自杀,是残忍而不可原谅的。

小海明威的好斗,甚至表现在和父母的可笑的对抗上。有一次,海明威不满父母严格的生活规律,不管父母如何打他,他就是不吃蔬菜,结果造成便秘、得了痔疮,一连 9 天都大便不通。

格莱丝曾回忆说:"他常沉醉于射猎狼、熊、狮和野牛的幻想中,也喜欢打扮成军人……他受挫失败时,往往大发雷霆,又跳又踢。

"做游戏时他却又能忍受各种粗暴的对待……他从第一次在湖中游戏起,就什么也不怕……当别人问他怕什么东西时,他兴致勃勃地大声嚷'我什么也不怕'。"

或许是父亲的遗传因子更多于母亲的遗传因子的缘故,海明威对母亲强迫他学习大提琴极为不满。格莱丝坚持要海明威参加家庭的室内小型管弦乐队,并主攻大提琴。海明威却毫不领情。他认为自己没有音乐天赋,就是练 100 年也是白搭。

与其闷在屋里练琴,还不如到操场上踢足球呢。他虽然顺从母亲的意旨学琴,但心中对这种强制性的训练一直很抵触。一次,海明威特别烦躁,他故意拉断一根琴弦。格莱丝非常恼火,斥责了他一顿。

其实,母亲教他学大提琴还是有其积极作用的。中学时代海明威在学校管弦乐队里一直提任大提琴手,从低年级到高年级也还基本胜任。

而且,海明威自己也承认,学习些音乐技巧,也有助于他日后的文学创作,在他创作《丧钟为谁而鸣》的对位结构中,我们能清晰地辨认出音乐技巧的痕迹。

当然,海明威不仅仅是一个在沃伦湖畔和广袤的大草原中学习划船、钓鱼、打猎的顽皮男孩,他也乐于博览群书。

博览群书使得小海明威喜欢给亲友和自己取一些有趣的绰号。他给外祖父取名"阿爸熊",给祖母取名"爱德莱德·阿妈熊",叫女佣人为"莉莉熊"。

他的这一嗜好甚至保持终身。他一生中曾给自己取名为"威米兹"、"塔蒂"、"斯泰因"、"海明斯坦"、"赫莫尔霍依特"、"爸爸"等,除此之外,他给几个妻子、孩子们和许多的朋友都取过滑稽的绰号。

海明威在整个小学时代都是非常出色的。他从小就爱动脑筋,想象力非常丰富,喜欢编造故事,而且在每个故事中都把自己塑造成恃强凌弱的英雄人物。他曾经登台表演节目,扮演罗宾汉式的绿林好汉。他甚至还试着作过诗,描写幼年童子军的生活。

◉ 聪明少年

1913 年,14 岁的海明威进入橡树园中学学习。橡树园中学是当时最好的中学之一,海明威在这里度过的时光,是他青年时代的重要经历。在橡树园中学的 4 年学生生涯中,海明威最引人注意的是他那些颇为放纵的课外活动。当时,这些十几岁的孩子把这些活动看得比学业成就还重要。海明威在学校组织田径队,参加水球、足球和游泳等比赛,加入辩论会俱乐部,还是管弦乐队成员,也经常为校报撰稿,是班里的带头人。

拳击是小海明威最痴迷的运动,也是后来海明威经常炫耀自己,在演说、回忆录中夸夸其谈的事情。

海明威的性格中,也有着不为人知的一面,他后来编造的许多英勇的拳击故事,有的是子虚乌有的事。

真实情况是,1916 年春,海明威迷上了拳击,并第一次参加拳击比赛。他经常在母亲的音乐室和同学家里的地下室中,组织一大帮同学练习拳击,学习最

基本的击打技巧。

上中学后的海明威依然像小时候一样,每年都急不可耐地盼望夏天的到来,好和朋友一起作长途徒步旅行。

当然,与此相伴随的是钓鱼和打猎。值得一提的是,这两样几乎是与生俱来的爱好,给海明威带来乐趣和裨益的同时,也给他带来过麻烦。

16岁生日过后的一天,海明威和妹妹一起驾着小汽艇到湖边去郊游野餐。他们到洼地之后,一只蓝色的大苍鹭受惊,从又高又密的芦苇丛中鸣叫着飞起,海明威一时兴起,一枪把它打了下来。

不巧的是,此事让一位湖边的巡逻员发现了,小海明威因为在禁猎区偷猎而平生第一次在法庭受审,并被罚款15美元。海明威对此事耿耿于怀,若干年之后,他还十分夸张地经常谈起这次少年时代所遭受的最大的挫折。

在禁猎区打死苍鹭,只能说明海明威的冲动、鲁莽和好胜,并不能因此而说海明威是个坏孩子。相反,海明威也曾有过侠肝义胆、奋不顾身的救人壮举。

1917年2月3日的《橡树叶报》(奥克帕克地方报)曾报道说:"奥克帕克中学餐厅的3个女服务员正在乘坐送菜的升降机时,突然发生故障,非常危险,海明威看到后,立即跳上去,抓住缆链,一个人赤手空拳地吊住滑轮,直到另外4个男孩跑来一起帮忙,才将那几个女服务员救下来。"

海明威活泼、好动,而且算得上多才多艺。他参加了学校的管弦乐队,大提琴拉得还算出色。他参加学校组织的各种戏剧演出活动,并且在台上笨拙地扮演各种角色。

此外,他有了第一位女朋友朵拉斯·戴维斯。从此,他生命的旅程中,不断地有新的女性面孔出现,作为朋友、情人或妻子。

除了五花八门的体育运动之外,海明威还沉迷于写作。他在这方面表现出来的非凡的才华和天赋,使他成为英文教师最喜爱的学生。

他给学校的《特拉伊兹》周报写了许多的通讯报道,讲述一些文化艺术动态和社区活动。在体育报道中,他有意模仿一些著名的体育专栏作家快节奏、口语化的独特文风,并且不吝笔墨地夸耀自己不太出色的运动业绩,以至于他在学校体坛上的知名度甚至超过了一些本校的体育明星。

海明威最早的三个短篇小说都发表在学校办的杂志《书板报》上。

《对马尼图的判决》描述了一个名叫彼尔的印第安人认为他的白人朋友偷了他的钱包,于是他在那位朋友经常往来的森林里的道路上布置了一个陷阱,企图谋杀那人。

但后来他发现他的钱包其实是被松鼠拖走了,他赶紧飞奔前往搭救他的朋友。但悲剧已经发生了,他的白人朋友已经被饿狼吞噬。彼尔极度震惊和悔恨,纵身跳进陷阱里自杀。这种骇人听闻的双重死亡故事,显然是从著名作家吉卜林的小说《通道的尽头》中得到了启发。

《关于颜色的问题》是一个老拳击手给年轻人讲述的一个幽默的故事。这个老拳击手给一次拳击比赛做裁判,比赛双方是白人蒙塔纳·唐摩根和黑人佐·甘斯。他断定唐摩根能赢,下了大笔赌注,并雇用毕·斯卫德躲在拳击场一边的幕布后面,等佐·甘斯退守到这个角落时,就用垒球棒将他打倒。但斯卫德这次却打错了人。他一棒打倒了唐摩根,使老拳击手失去了一大笔赌注。

老拳击手事后训斥他:"你怎么搞的,要你打黑人,你却打了白人?"斯卫特恶狠狠地回答说:"我得了色盲症。"这种出人意料的结尾,无疑带有小说大师欧·亨利作品的影子。另外一个短篇《塞皮·静岗》则是借鉴杰克·伦敦的冒险故事,描述了一起野蛮报复事件。

尽管海明威醉心于各种各样的课外活动,他的学习成绩还是非常优秀的。具体地讲,英文、历史、法律和代数成绩非常出色,物理和化学也不错,只有几何和拉丁文比较一般。对此,奥克帕克中学年鉴上明确记载道:"还没有人比海明威聪明。"同样,因为海明威出色的成绩和文学天赋,在中学毕业典礼上,海明威被大家一致推荐上台演讲。

毕业典礼上的精彩演讲所赢得的掌声和欢呼,并没有抹去临毕业前的海明威心中的阴影:他差一点就被送上法庭。毕业前不久,海明威和朋友杰克·潘特科斯特与莫斯曼在第·普灵斯河岸边露营,凌晨两点钟时,他们突然遭到一群"暴徒"的偷袭。

这群人吼叫着砍断帐篷的绳子,抢走他们的东西,并向树林里逃去。海明威和杰克惊醒后奋起反击,海明威抢起斧子就向其中一个砍去,差一点把那人的脑袋砍开了。当"暴徒"把狂怒的海明威推进满是泥浆的河里后,他才弄明白这是一场恶作剧,"暴徒"全是奥克帕克的学生,他们在无聊中演出了这场差一点酿成大祸的恶作剧。这件事,海明威永远也没法子忘记,他常常想,要是他那一斧子真的把那人的头砍掉了,事情该如何了结?

◉ 奔赴战场

高中毕业后的海明威充分地显示了他那种自主自立、不受任何人约束的独特个性。因为他出色的学习成绩,奥克帕克中学保送他进入伊利诺伊大学,他的父母亲也极力劝告他到他姐姐玛丝琳正在就读的奥柏林学院学习。但此时的海明威所心醉神迷的,不是上大学,而是惨烈的战争,是正在欧洲打得热火朝天的战争。为此他曾多次应征入伍,但每次都因为视力不合格而未能如愿(海明威曾多次抱怨他的眼睛不好是因为母亲的遗传,甚至吹嘘过他的眼睛是在拳击比赛中被打坏的)。

正在这时,不想上大学,又极想摆脱家庭束缚,一个人外出闯荡一阵子的海明威,在著名的堪萨斯城《星报》得到了一份工作,于是,年轻的海明威雄心勃勃地闯进了堪萨斯城。

在堪萨斯城,海明威是一个脾气好、心地善良的大男孩,同时也是一个精力充沛、勤勤恳恳的新闻记者。他负责采访报道一些突发性的、有影响的社会治安之类的事件,跑派出所,采访刑事案件,搜集社会名流和一些可疑人物的花边新闻,报道凶杀、暴力、事故和其他的死亡事件,等等。

海明威的写作能力在这里得到了很好的锻炼和发挥,他喜欢搞特写,内容大都是犯罪、暴力、拳击、自杀、吸毒、英雄行为和死亡事件等等,这实际上已经预示了他今后小说创作的独特风格。其中后来被发现并重印的代表性报道是《战争、艺术和舞蹈熔于一炉》。

海明威在学习写作的同时,关注并向往着欧洲大陆上烽火连天的战争,他的兴趣始终在如何杀上前线去。然而,视力不好始终是海明威赴欧参战的最大障碍。

机会终于来了。海明威从《星报》的一位年轻同事那里,找到了参军的途径。这位 22 岁的黑发青年叫赛奥多·布伦伯克,在一场高尔夫球赛中弄瞎了一只眼睛,但他成功地应征参加了美国陆军,并在法国战场上度过了极富传奇色彩的 4 个月。他的办法是参加红十字车队,因为车队对救护车司机的视力要求不高。海明威仿效布伦伯克,报名参加了陆军的红十字车队,成为一名救护车志愿司机,对他来说,虽然当司机不如操枪冲锋陷阵过瘾,但毕竟可以赴欧参战了。

海明威兴高采烈地盼望着奔赴战场。有一天晚上,他喝着红葡萄酒,捧着勃朗宁夫人的诗集,兴致勃勃地朗诵了一个通宵。在这种兴奋难耐和狂热的等待中,海明威对父母开了一个不大不小的玩笑。他在家信中宣布自己与有名的电影明星梅·玛莎订婚。声称玛莎答应等他从战场上归来后就结婚,这个消息使海明威的父母在震惊之后又伤心不已,他们根本没想到海明威在婚姻大事上竟采取了个人独立行动,而且他们担心这位电影界的女妖会毁了海明威一生的幸福。后来,海明威的解释是,这仅仅是一次幻觉,一个玩笑而已。

穿着高领高襟上衣和灯笼裤,戴着军帽,衣领和帽子上缀着红十字徽章,身上佩挂着少尉军衔的海明威,在志愿军行列里接受了威尔逊总统的检阅之后,奔赴欧洲,踏上了法兰西的土地。

7个多月之后,当他的父亲和姐姐流着眼泪高兴地在芝加哥火车站迎接他归来时,海明威已经大不一样了:穿着军装,披着意大利军官的黑色斗篷,领口扣着银色花钩,脚蹬西班牙式高统皮军靴,带着几十个伤疤,带着残留在大腿上的碎弹片,带着三枚银十字军功章,带着缴获的奥地利钢盔、左轮手枪和信号弹枪,活脱脱一个从战场上凯旋归来的青年英雄形象。稍为不如人意的是,因为伤痛未完全康复,走起来两腿硬邦邦的,而且一步一瘸。

在意大利战场上负伤后载誉归来的海明威,受到了家庭、亲友和新闻界的热烈欢迎。

堪萨斯城《星报》、《美洲芝加哥报》、《奥克帕克报》、《纽约太阳报》都详细地报道了海明威的战功、受勋、康复以及他回到家乡的情况。

激情总是短暂的,欢迎的热潮过后,海明威感到了莫名的孤独。从前的朋友们都各有各的工作。

随着爱情的失落,海明威的心理和精神状态受到了严重的挫伤。海明威受伤后，在米兰的战地医院治伤和疗养期间，和护理他的护士阿格妞丝建立了爱情，尽管他只有 19 岁，而阿格妞丝已经 26 岁，他们还是真诚地相爱了。

但海明威回国后，情况就变了。海明威一走，阿格妞丝就移情别恋，爱上了一个意大利上尉。

海明威愤恨、恼怒、惶恐不安，直至持续高烧，大病一场。对他来说，女人的背叛是无法容忍和接受的，而解除痛苦、恢复精神的办法除了不停地喝酒之外，就是打猎和创作。

这段时间，海明威创作了《匹克斯·麦克卡蒂冲过渥皮安的道路》、《滔滔双心河》、《结局》、《风刮了三天三晚》等各方面都稍嫌粗糙的小说。

后来，海明威于 1920 年 10 月搬到芝加哥独住，一直至 1921 年 12 月赴欧洲大陆为《每日星报》做记者时为止。

伤愈后的海明威一如既往地追求着各种各样强烈的刺激。显然，海明威并不是个循规蹈矩的青年。或许正因为这一点，他与父母亲的关系破裂了。他们开始不满海明威的种种表现，厌烦情绪与日俱增，终于因一件小事而导致了关系的破裂。海明威刚刚过完 21 岁生日的一天晚上，就为一桩小事，公开与母亲吵了一架被父母赶出了家门。

海明威从家里搬出来后，先是寄居在一个朋友的大套间里。这时，失业的海明威日子过得很不景气。不过，这种状况并没有持续多久。海明威找到了一份给《全国互助合作》月刊当编辑的工作,周薪四五十美元,而且和朋友们一起合租了一套公寓房子。

在芝加哥,海明威认识并爱上了比他大 8 岁的漂亮女郎伊丽莎白·哈德莉·理查逊。

1921 年 9 月 3 日,他们在密执安州的霍顿湾的一个卫理分会教堂举行了婚礼。海明威从哈德莉那里获得了阿格妞丝未能给他的一切——一个美丽的女人的爱情和一笔相当可观的收入。

哈德莉有一小笔信用基金,每年大约有二三千美元钱的收入,结婚后的一个月,她的叔父去世,她又意外地获得了一笔 8000 美元的遗产。用这笔钱,海明威可以携夫人一起实现去巴黎寻求文学事业的发展的憧憬,而且能在巴黎过得舒舒服服。是安德森·舍伍德劝说海明威去巴黎的。海明威通过朋友的介绍,认识了这位刚从巴黎回来的著名作家。安德森把他介绍给了"芝加哥派"的一些作家,并向当时在巴黎的一些文学界的知名人士写了友好的介绍信,这些知名人士包括庞德、斯泰因、西尔维亚·比奇(乔伊斯的《尤利西斯》的出版商)和刘易斯·加兰蒂尔等。

海明威去巴黎之前,接受了《多伦多每日星报》的聘请,成为它常驻欧洲的记者。

◉ 作家生活

1921 年 12 月 22 日,海明威夫妇到达巴黎。

一开始他们住在雅各布街的雅各布旅馆。半个月之后,他们搬到了勒穆瓦纳红衣主教街 74 号一幢相当简陋的公寓里,这里是巴黎醉汉和贫民集中的地区,十分阴暗沉闷。

尽管如此,海明威为自己到了欧洲文化艺术的中心而兴奋不已,颇有点如鱼得水的感觉。

他把自己关在烟雾弥漫的房间里进行写作,对自己的创作天才和文学前途充满了自信,认定自己很快就将进入辉煌的时代。

巴黎时期的青年海明威,举止文雅,富有魅力,保持着美国中西部人那种活泼、明快、热情、开朗的作风。

这种善于吸引人的注意力、广交朋友的天性,加上安德森·舍伍德的介绍,使海明威在巴黎很快就结识了许多重要的、很有影响的朋友,如毕加索、埃兹拉·庞德、格特鲁德·斯泰因、西尔维亚·比奇、詹姆斯·乔伊斯、温德姆·刘易斯、莫利·卡拉汉、斯科特·菲茨杰拉德和杰拉尔德·墨菲等等,其中两个和海明威的文学事业关系最重要的人物便是埃兹拉·庞德和格特鲁德·斯泰因。

在海明威的眼中,埃兹拉·庞德颇像一个波希米亚主义者,他蓄着山羊胡子,一头棕褐色的波浪式头发,眼睛锐利而有神,喜欢夸夸其谈,生活上放荡不羁。这位高个子的意象主义代表人物是先锋派艺术热情的鼓吹者,他编辑出版了 T. S. 艾略特的《荒原》,极力促成了乔伊斯的《尤利西斯》的出版。

他虽然比海明威大 14 岁,而且从 1907 年以后就一直住在欧洲,但他与海明威一见面就成了互敬互爱的朋友。

对文学事业充满激情的痴迷,使他们之间产生了强烈的共鸣。

庞德竭力扶持海明威的写作,并坚持不懈地帮助海明威出版他早期的作品。

《在我们的时代里》、《新托马斯诗歌》与其他早期的短篇小说和诗歌,都发表在庞德主编的《小评沦》、《流放》、《人物简介》、《当代诗选》等书刊上。

对于庞德的帮助和友谊,海明威给予了最真诚的回报。

尽管海明威在文学领域的声誉和威望很快就超过了庞德,但他始终如一地高度评价庞德的文学创作成就,感谢他最初的帮助。特别是庞德后来处境窘迫时,海明威的友谊更显得珍贵。

第二次世界大战前,庞德百般辱骂罗斯福政府,无耻吹捧墨索里尼的法西斯政权。第二次世界大战开始后,他为罗马电台作英语广播,厚颜无耻地攻击自己的祖国。

1945 年他被在欧洲登陆的美军逮捕,押回美国候审。这时,海明威没有抛弃与庞德的友谊,他与麦克利什、弗罗斯特、艾略特一起,在 1958 年设法使庞德获释。并在此之前两年,给关在精神病院中的庞德送去了 1000 美元的支票,庞德非常感激。

年龄大得足以当海明威母亲的格特鲁德·斯泰因,在形象和性格上也酷似海明威的母亲格莱丝,两人都长得轮廓清晰优美,而且都易于冲动,以自我为中心。

这位富有的女作家当时在巴黎文坛名气很大,许多人得到过她的帮助。

由于舍伍德·安德森的介绍,海明威与斯泰因很快就建立了友谊,而且这种友谊发展很快。斯泰因欣赏这位漂亮小伙子对她的尊敬和爱戴,热心地指导他的创作,帮助他在巴黎文坛站稳脚跟。

海明威在斯泰因面前则异常地温顺,甚至在"恋母情结"的驱使下,产生非分的念头。但这一切都是不可能的,因为斯泰因是一个彻头彻尾的女同性恋者。

或许正是因为斯泰因的同性恋问题,破坏了他们之间的友谊,一方面,海明威不能忍受斯泰因总是把他当作孩子对待,并且对斯泰因疯狂的同性恋生活感到恶心。另外,斯泰因创作才华的平庸,也注定了海明威不能忍受别人把他当成斯泰因的门徒。这一切打碎了他们之间迅速建立起来的友谊。互相吹捧和感恩戴德之后,紧接着的便是互相诋毁和谩骂。

海明威是《多伦多每日星报》驻欧记者,因工作需要他有机会到处旅行。

1922年4月,海明威从巴黎赶到意大利热那亚,采访国际经济会议,这是自 1919 年凡尔赛和谈之后的第一次重要的国际会议。海明威为《多伦多每日星报》写了 15 篇文章,报道了参加会议的政治家的个性及其局限性。这是第一次世界大战后海明威首次返回意大利。

同年 6 月,海明威携夫人哈德莉一起又重访意大利,除了带妻子参观第一次世界大战时自己曾到过的地方以外,海明威在这次旅行中,认真考察、研究、报道了亚平宁半岛上如火如荼的法西斯运动。在米兰《意大利人民报》编辑部他采访了墨索里尼,感觉到墨索里尼正坐在火药桶上,并准备亲手点燃导火线。

11 月,海明威在洛桑第二次访问了这位已经夺取了政权的独裁者。

值得注意的是,当国际社会的许多人正高声颂扬这位法西斯领袖时,海明威尖锐地看透了墨索里尼的伪装,他认定墨索里尼是"欧洲最大的骗子",警告人们"对一个穿黑衬衫、白鞋罩的人,我们犯了某种错误,甚至是历史性的错误"。他甚至写了一首非常刻薄的诗,发表在 1923 年春季的《小评论》上:墨索里尼有一对眼白大、瞳孔小酷似非洲人的眼睛,保镖时刻紧随身后,那照片上正在看书的人拿的却是一本倒着的书。

海明威的所有采访和报道,都是在愉快的旅行中完成的。

1922 年 10 月海明威赴希腊—土耳其战争的战场,写了大约 14 篇文章,报道了希腊军队的溃败和土耳其军队的残暴,明确表明了对玩弄权术的政治家和无能将军的痛恨,对战争中流离失所的普通百姓的同情。

12 月在洛桑,海明威报道了确定新的土耳其边界和规定希腊的战争赔偿的国际会议,向《多伦多每日星报》的读者们描述了契切林(当时的苏联外交部部长)、墨索里尼等各国的政治领袖。

除此之外,海明威于 1923 年 1 月游览了拉帕罗。

2 月游历意大利北部。

3—4 月在科蒂纳滑雪。

4—5 月在法国报道法军占领鲁尔工业区。

5—7 月周游西班牙,并从此爱上了斗牛运动。

在这些频繁的旅游中,海明威写了大量评论欧洲现实生活的文章,向北美大陆的人们介绍欧洲的生活开支、夜生活、外汇市场的变化、法国的时尚、瑞士的名胜、德国的通货膨胀、俄罗斯流亡者等等。

另外,他还有许多文章介绍了钓鱼、滑雪、斗牛等他所喜爱的体育运动。应当说,作为记者,海明威是很称职的,他非常勤奋,对新闻报道也很内行。但他的记者朋友们也注意到,海明威对记者工作有点轻慢,经常把最好的材料保存起来作为创作小说之用。"他对此满不在乎,除非新闻工作能为他提供急需的费用,并能使他与其他作家建立联系。"

海明威一登上欧洲大陆,便雄心勃勃地向文学的桥头堡进攻,并获得了成功。他不仅在巴黎的文学圈子中站住了脚,与众多的文学界名人建立了友谊,而且在短短的时间内,发表了许多诗歌和短篇小说。

◉ 成名前后

1923 年 1 月,哈德莉怀孕了。海明威原打算放弃新闻工作,从此专心写小说。做父亲的责任和负担迫使他不能不多挣钱养家糊口。因为哈德莉认为多伦多的医疗条件较好,海明威于同年 8 月携家人返美,并在《多伦多明星日报》任职,周薪 125 美元。

1923 年 10 月 10 日海明威长子在多伦多出生,海明威给儿子取名为约翰·哈德莉·尼卡诺尔,但人们习惯叫他邦比。重回多伦多的海明威已是颇有名气的记者,现在受聘于《多伦多明星日报》却受到不公平待遇。他的顶头上司、助理主编哈里·欣德马什是个有野心、冷酷无情的人,很妒忌别人的成功。

他蓄意羞辱海明威,给他一个下马威。在头两个星期,海明威被打发去采访一些无足轻重的新闻,甚至写的文章不能署名。他还被派到远方去执行报道任务,以致妻子分娩时海明威无法如期赶回。

他的朋友、主编约翰·博恩对此爱莫能助,因为欣德马什虽是助理主编,但他的岳父却是《晨报》社长。海明威忍无可忍,为了能自由地进行创作,他辞职携带家小重回巴黎。

海明威在多伦多周薪 150 美元,在巴黎每周生活费用需50 美元,哈德莉温顺地承受了这种经济上没有保障的生活。

1924 年 1 月 29 日,海明威一家抵达巴黎,在香圣母院路一家很嘈杂的锯木厂楼上租了一个套间。

他们住的公寓在一个堆满木材的大杂院内,简陋得令人难以置信,没有自来水,没有煤气,没有电灯,甚至没有床,哈德莉把一床褥垫铺在地板上当床,房间在二层,要经过摇摇晃晃的楼梯才能爬上去,环境相当龌龊,来访的朋友都感到震惊。

海明威没有钱,还要肩担一家的生活。尽管如此,他充分认识到了以获利为目的的危险性,所以他在金钱面前能丝毫不动心,仍保持他艺术的完整性。他告诉父亲说:"对我来说,在平静安定中写作比陷入金钱陷阱重要得多,这个陷阱已经毁灭了许多美国作家。

"我要尽力去创作,一点也不考虑销路问题,也从不考虑它会给我带来什么,甚至也不想它能否发表。"

和大多数作家一样,海明威发现写作是一个非常困难和殚精竭虑的过程,也是对作家能力的挑战,是纵然终生以求也难以达到尽善尽美的挑战。他还认为写作无法言传身授,只有长时间艰苦地探索实践才能学会。

海明威成为了专业作家,以写作谋生。

他接受庞德的建议,协助马多克斯·福特主编的《泛大西洋评论》。福特是一位老作家,他在文学界朋友众多,在小说创作和编辑工作上都颇有成就。

他对海明威评价甚高,经常写文章称赞他,甚至还把海明威的好消息告知海明威在橡树园的家人。尽管如此,海明威对福特越来越反感,在他的眼里,福特是个不修边幅、假装斯文、口臭的势利小人。

在海明威的许多小说和回忆性的散文中,福特都遭到了指责和攻击。

或许正因为这一点,许多批评家和文学史家认为海明威的个性中,有"忘恩负义"这一条。

由于要负担一家人的生活,又没有固定的薪水,海明威在经济上比较拮据。但他坚定地抵制了金钱的诱惑,努力维护创作的严肃性和艺术上独特的追求。

在海明威看来,文学创作是一项需要终生孜孜以求的事业,它好比是文坛

上竞争激烈的职业拳击赛。同时代的人都相互竞争,他们又与前辈大师们竞争。

为了在文坛拳击台上威风八面,立于不败之地,海明威认真地研究和学习了前辈大师及同时代卓有成就的作家的作品。

和世界文学史上许多著名的作家一样,海明威在文坛上并非一开始就春风得意,杂志编辑和出版商们对海明威的作品并没有表示出多大的热情。

值得庆幸的是,这种沉闷的日子并不太长。海明威世界的第一束曙光,来自于1923年底。爱德华·奥布赖恩把海明威的《我的老人》编入《1923年最佳短篇小说集》(1924年1月出版)。

1923年8月,麦克阿蒙的"康达克特"出版公司出版了海明威的《三篇小说与十首诗》,尽管这是本小册子,而且只印了300册(这300册书中的任何一本,目前售价高达数万美

元），但它毕竟是海明威的第一个集子，标志着他在文坛已经站稳了脚跟。

1924年1月到7月，海明威成为专业作家的头6个月，他完成了9篇小说。这些小说和其他早期作品一起后来收入了《在我们的时代里》一书中，1925年10月由博奈和利夫莱特出版公司出版，并成为海明威第一部获得稿酬的书。

从此，文坛上的海明威火山开始集聚地浆和熔岩。并最终猛烈地喷发出来，震撼了整个世界。

紧接着《在我们的时代里》，海明威花了7天时间写成《春潮》，离上本书的出版仅隔六周。

《春潮》是一篇讽刺他朋友安德森的作品，也猛烈抨击了美国和巴黎文学界。

海明威在中学时代写的幽默作品都是有意模仿他孩提时代的英雄林·拉德纳。

《春潮》是这种情趣的自然发展。

哈德莉很喜欢安德森，他认为海明威不应该和他最要好的朋友闹别扭，何况安德森给过他很多帮助。哈德莉看不惯丈夫的忘恩负义，宣称她讨厌这本书的构思。

海明威的许多朋友都认为他写得很有趣，但一致劝阻他发表；只有菲茨杰拉德首肯它是杰作。

海明威写《春潮》的动机很简单，他的《在我们的时代里》出版后，许多评论家都提及安德森对他的影响，说"与安德森很相似,只是不如安德森写得好"。

海明威最恨这种论调,他想摆脱安德森的影响,而且为了区别于安德森的近作《浑噩的笑》而写出《春潮》。

这本书也是海明威与斯泰因争吵的导火线。它伤害了安德森的自尊心。安德森很有修养,他保持自己的尊严,始终没有还击,对海明威仍以礼相待,但疏远了他。在晚年,海明威后悔自己这次幼稚的攻击。

1925 年 7 月 21 日他生日那天,海明威开始动笔写《太阳照样升起》,这是一部把海明威推向顶峰的经典之作。《太阳照样升起》一书的情节惊人地简单。这个故事来源于海明威在意大利前线受伤的经历以及他在米兰那所医院休养时的想象。

书中男主人公杰克·巴恩斯在战争中受伤,丧失了做丈夫的能力,只能容忍妻子在外鬼混。

诗人康拉德赞扬了这部小说中精辟的对话以及对人物性格深邃的刻画,说这"具有诚实和现实的效果",在描写一个多少有点心地不纯而又十分悲惨的人的故事时,显示出超脱和端庄的态度。

传记作家赫伯特·戈尔曼声称:该书描绘了一种巨大的精神崩溃,描绘了思想上丧失了指导目标的一代人,描绘了受时代、命运或勇气驱使而导致狂热的一代人。

虽然许多评论家不喜欢小说中那些反面角色和单调平凡

的生活,但这部小说的影响所及,不仅超出了文学范围,而且超越了地域限制。女孩子们都把书中女主人公作为模仿对象,小伙子们也仿效杰克,说起话来轻描淡写。

这部小说对以后几代人影响更大,他们对小说主人公虚无主义的生活持赞同态度,而不是加以抵制。现在人们公认《太阳照样升起》是海明威最伟大的著作。

《太阳照样升起》反映了第一次世界大战后知识分子对资本主义制度的绝望心情。海明威在两个章节的引言中阐述了创作主题,他引用旧约传道书批驳斯泰因关于战后道德混乱状况的评语——"你们都是迷惘的一代"。如今,这部小说被认为是"迷惘的一代"的代表作品,这大概是海明威始料不及的吧!

1926年10月,《太阳照样升起》由斯克里布纳出版社正式出版。海明威把这本书献给了妻子和儿子,但实际上,他那时已把他们遗弃了。

他们夫妻关系是从1924年开始恶化的,那时海明威刚刚辞去报社的工作,没有一点收入。不久负责管理哈德莉财产的乔治·布雷克把哈德莉的资金减少了一半,使她好几个月无分文收入。

当时哈德莉穷得连补鞋的钱都没有,她穿的衣服不仅破旧,式样也早已过时,和她的一些朋友相比相当寒酸。出版商给《在我们的时代里》预付的稿费只能暂解燃眉之急。生活的拮据和抚养孩子问题使海明威和哈德莉不断争吵,穷困潦倒的海明威开始厌烦起妻子来。本来一个出版商想给海明威提供一笔钱,一笔足以供他过几年舒服日子的钱,但海明威不想把自己和艺术当商品出卖,他拒绝了这笔钱。

就在他们的婚姻出现裂痕时，一个富裕的未婚少女插进了他们的两人世界，她就是海明威的第二个妻子波琳·法伊弗。

1927年1月海明威与哈德莉离婚。同年5月他与波琳结婚，同时改信天主教。当他的离婚丑闻传到橡树园时，他的父母十分担心，儿子失去了哈德莉在道德方面的指引，无疑将陷入到一群勾引人、放纵他的恶习的天主教徒中去。

1928年3月海明威携波琳返美，定居在佛罗里达州的基韦斯特。它是美国最南边的一个小镇。

从1928年至1938年，海明威的大部分时间都居住在这里。在这一年，他的第二个儿子帕特里克出生，他的父亲埃德医生自杀。埃德因为亏损了一大笔钱，加上糖尿病、心绞痛、可怕的头病的折磨，虽然他笃信宗教，但还是以自杀方式结束了自己的生命。

这件事给海明威以巨大的打击，眷恋父亲的海明威为此长期悲痛不已。

1929年9月27日，海明威的长篇小说《永别了，武器》出版了。这本经典著作引起了整个文学界的轰动，小说持续畅销，评论家们高唱赞歌，认为海明威的创作已经成熟，达到了新的高度。

小说不仅使海明威获得了前所未有的高额稿酬，而且不久即被改编成话剧和电影,搬上了舞台和银幕。

多次患病和遭遇意外事故,加上经常酗酒(海明威从未醉过)带来的体力损耗,使海明威不得不经常卧床休息。然而,传奇式的个人经历,超凡脱俗的艺术才华,激动人心的火暴的素材,准确表达同代人观点的能力,使海明威的创作光彩夺目,令世人瞩目。

1931年,海明威的第三个儿子格雷戈里出生。

1932年海明威发表了关于西班牙斗牛士的专著《午后之死》,这本书既是一本个人回忆录,又是一本关于文化的历史书,也是一本关于斗牛的专题论述。

它可以说是一部关于斗牛的经典著作,但毁誉参半,誉者称之为斗牛指南,毁者抨击他的文学风格。

1933年,海明威的短篇小说集《胜者无所得》出版。一般认为,这是海明威三个集子中最糟糕的一个。书中的主人公都是下层人物,如士兵、妓女、罪犯、斗牛士之类,主题则是重复过去的那一套:梅毒、卖淫、斗牛、尸体、死亡、离婚、绝望、发烧、阉割等等。同年,海明威夫妇赴非洲狩猎,在非洲旅行5个月。

1935年,他追忆非洲之行的《非洲的青山》出版发行。

1936年西班牙内战爆发,海明威以战地记者身份投入西班牙内战,参加共和派对佛朗哥军队的战斗。海明威在1937—1938年期间,4次去西班牙,在那儿逗留8个月。他写文章,发表演说,为西班牙共和政府募捐。1937 年他的长篇小说《有的和没有的》发表,1938 年为《西班牙土地》编写脚本,并完成描写西班牙内战的剧本《第五纵队》。

1940 年,海明威最负盛名的长篇小说《丧钟为谁而鸣》出版。它写的是一个美国人志愿参加西班牙人民反法西斯斗争的故事。主人公乔丹奉命在共和军发动攻击时炸毁一座桥梁,但不能提前行动,因为这样才能把法西斯分子的增援部队拦在桥的那面。

小说严谨的结构使它的内涵达到完美境界,出版 5 个月就售出 50 万册。也就在这一年,海明威再一次离婚和结婚。他的第三个妻子马莎·盖尔霍恩是个记者。

1941 年海明威迁居古巴哈瓦那,同年和马莎来中国采访抗日战争。

他们在重庆采访了蒋介石夫妇,写了 7 篇平淡的报道,审慎地提出日本可能会对美国作战。他们在华盛顿报告他们的中国之行时,曾预言战后共产党将在中国取得政权。

第二次世界大战初期,海明威在古巴成立了一个私人间谍组织,收集岛上亲纳粹分子的情报,并与美国联邦调查局

作对。1942 年，海明威把自己的游艇改装成武装渔船，在加勒比海搜索德国潜艇，这是"一项军事冒险行动"；当时成群的德国潜艇在加勒比海徘徊，已把古巴同美洲大陆的联系切断了好几个月，虽说海明威没有炸毁一艘潜艇，他却敢于冒牺牲生命和自己游艇的危险。

1945 年，海明威以战地记者身份参加了解放巴黎的朗布伊埃战斗，并赶在正规部队的前头，带领一个秘密的自由法国游击队小组先期进入朗布伊埃。

由于海明威违反了日内瓦公约中战地记者不得携带武器的规定，使他的同事们的生命受到威胁，因而军法部门对海明威进行了一次司法审查，但由于他军队中朋友的证词和他的名气，这次审查不了了之。1944 年海明威与马莎离婚；1945 年与玛丽·韦尔什结婚。

1950 年 9 月，海明威的长篇小说《过河入林》出版发行，它是《永别了，武器》的翻版，也是海明威所有小说中最涉及个人、最有启示的一部书，因而刚一出版就遭到猛烈抨击。

直到今天，一些评论家还认为它是海明威最糟的一部小说。

真正使海明威在文坛上恢复光荣，恢复文学英雄形象的，是 1950 年出版的中篇小说《老人与海》。它捕绘了一个老渔夫和大鱼搏斗的故事。1953 年到 1954 年，海明威到非洲做了第二次游猎，这是一个多灾多难的旅程，飞机两次失事。

海明威虽负了重伤，但均幸免于难。海明威在医院里两次

看到宣布自己死亡的讣告。

1954 年,海明威获诺贝尔文学奖。

1960 年海明威患了重病,医生诊断他患了高血压、慢性糖尿病、眼病和皮肤病,他接受了电击治疗,这种电震疗法损坏了他的记忆力,使他精神崩溃了。

1961 年 7 月 2 日,海明威像往常一样早早地就醒了,7 点钟左右,他从地下室里拿出英国制造的博斯猎枪和一箱子弹,然后上梯子回到门厅里,无比冷静地把两颗子弹推进弹舱,把枪管含在嘴里,用他那只写下了大量不朽巨作的手,在一生中最后一次扣动了扳机……

第五章

"文学巨擘"托尔斯泰

◉ 青少年时代

1828 年 9 月 9 日,在俄罗斯莫斯科正南约 200 公里的一个名叫亚斯纳亚·波利亚纳的庄园里,俄国 19 世纪著名文学家、思想家列夫·托尔斯泰诞生了。

列夫·托尔斯泰从小就在世袭的贵族家庭里长大。他的先辈彼得·安德烈耶维奇·托尔斯泰是彼得大帝时代的著名活动家,做过俄国驻土耳其首任大使。由于他功勋卓著,彼得大帝授予他世袭伯爵爵位。

托尔斯泰的祖父伊里亚·安德烈耶维奇伯爵,年轻时曾在海军供职,晚年曾任喀山省省长。他是一个典型的慷慨好客的俄罗斯贵族,用托尔斯泰的话说,"他不仅心肠善良,而且挥霍无度"。

托尔斯泰的父亲尼古拉·伊里奇伯爵是个好幻想的青年,双亲的独生子。在托尔斯泰的记忆里,父亲是个愉快、温柔、善良而又常常流露出忧郁神情的人。他很大方,有着上流社会老爷的那种贵族气质。

托尔斯泰的母亲玛丽亚·尼古拉耶美娜·沃尔康斯卡娅出身于沃尔康斯基公爵家族,是沃尔康斯基公爵的独生女。外祖父尼古拉·谢尔盖耶维奇·沃尔康斯基是女皇叶卡捷琳娜二世的宠臣,27 岁任女皇的侍卫官。后来因俄土战争的功勋晋升为少将。1799 年得到上将军衔。同年 11 月退休,住在亚斯纳亚·波利亚纳庄园。

1822 年,玛丽亚嫁给了尼古拉·伊里奇伯爵,成了贤妻良母。他俩婚后住在父亲美丽的亚斯纳亚·波利亚纳庄园,生了 5 个孩子。

大儿子尼古拉在高加索当军官时染上酗酒的恶习,但为人善良仁慈,把自己的财产分给了穷人。二儿子谢尔盖性格温柔,但有点自私。三儿子德米特里,生活放荡,后患肺病死去。列夫·托尔斯泰是第四个儿子,他还有一个妹妹叫玛莎,虔诚地信奉宗教,后来入奥普亭隐修道院做了修女。

托尔斯泰一家在亚斯纳亚·波利亚纳生活得十分和睦,父亲成了富饶的庄园主后,热衷于经营家业,管理庄园中的各种事务。

母亲博览群书,兴趣十分广泛。每逢夜幕降临,刚刚燃起蜡烛,家中就传出琅琅的读书声、讨论作品的争论声和钢琴的弹奏声。

当时大多数贵族家庭的孩子都有乳母,这些善良、淳朴的乳母对孩子们照料备至,孩子们对她们也依偎不离。托尔斯泰的乳母是亚斯纳亚·波利亚纳的农妇阿夫多季娅,托尔斯泰始终保持着对她的热爱,长大成人以后,还到农村去探望过她。

乳母去世后,托尔斯泰还去凭吊过她的坟墓,并且永远怀念着她。

托尔斯泰还不到两岁母亲就去世了,这是托尔斯泰家中一件非常悲痛的事情,孩子们失去了精明贤惠的慈母。后来,兄妹5个便由年迈的祖母和虔信宗教的阿·伊·奥斯坚—萨肯姑妈监护,但是操劳和教育孩子们的担子,主要由塔季扬娜·亚历山大罗芙娜承担。她是祖母娘家的远亲,从小失去父母,由祖母抚养长大,托尔斯泰叫她"姑母"。姑母性格善良坚强,富于自我牺牲精神,具有高度的责任感和自制力。

托尔斯泰是个活泼、伶俐、勇敢的孩子,他努力锻炼自己的毅力。有时,他会做出一些使周围的人们预料不到的举动来。

有一次,他竟然想在空中飞行。这件事发生在莫斯科,一家人正坐下来吃午饭,可是9岁的托尔斯泰却没有来。家庭教师去找他,发现他躺在屋旁的地上,失去了知觉,原来,当大家去用午餐的时候,他一个人爬进顶楼敞开的窗户,纵身一跳,摔在院子里。他觉得如果"蹲着,用手抱着双膝尽可能把它抱紧",他就能够飞起来的。

更为有趣的是,小托尔斯泰非常喜欢吃果酱,见了果酱就没命地吃,大人们不让他吃得太多,把果酱藏了起来,可他总是想办法找出来吃。

有一次,他偷偷溜进厨房,找到果酱坛子,把盖子打开,用手抓着果酱往嘴里送，结果弄得鼻子、脸上和胸前到处都是果酱。还有一次，托尔斯泰突然跑进大厅，背朝着在座的人，把头连连向后仰。大家感到莫名其妙，问他在做什么，他回答说，这是在给他们行礼。屋里的人听了都大笑不止。

托尔斯泰的性格温柔、和气、顺从，并且决不粗鲁，尽管他喜欢开玩笑。

假如别人抚爱他，他眼里就会充满泪水；若是哥哥们欺负了他，他就走到一边去哭。如果有人问他怎么啦，他会回答"他们欺负我"，于是哭个不停。

他总爱哭，所以绰号叫"列夫·哭孩子。"他的悲伤常常是由生活中的不愉快的事情引起的。

比如花园里树上的寒鸦突然从窝里掉到地上摔死；厨师常常把活泼的母鸡杀死，拿到厨房里去做菜；善良可怜的家庭教师受到欺负而闷闷不乐；与孩子们非常友好的司膳员瓦西里突然被调离亚斯纳亚·波利纳亚……诸如此类的事情经常发生，使列夫难过极了。

正如当时所有贵族家庭的孩子一样，年幼的托尔斯泰不是在学校里而是在家庭中接受培养和教育的。德语教师费德尔·伊凡诺维奇·廖谢尔被请到托尔斯泰家做家庭教师。他掌握的知识虽不多，但却是个正直的好心肠的人，孩子们非常喜欢他。他不仅教孩子们德语，而且教算术、历史、地理，同时还担任保育员，和孩子们散步，安排他们睡觉，和他们一起就餐，培养他们具备贵族社会所必需的气质和风度。

托尔斯泰家有个图书室，里面有丰富的藏书，除自然科学、哲学书籍外，还有杰尔查文、卡拉姆辛、茹柯夫斯基、普希金的许多作品。

托尔斯泰常常阅读这些书籍,特别喜欢《一千零一夜》中的故事和普希金的诗。托尔斯泰的艺术感特别敏锐,在那时就能感受到了普希金诗歌的优美情调,揣摩出诗歌的细微含义。有一次,他背诵普希金的《致大海》,自然流畅,感情真挚,父亲听了非常惊喜。

后来托尔斯泰回忆道:"那时我明白他在我这次背诵中发现了什么优点,我感到特别快乐。"

托尔斯泰家有写记事簿和日记的传统,母亲写过《个人备忘日记》,对大哥尼古拉的举止和言行作过记录。父亲有一本录诗簿,上面抄录了他喜爱的诗人的作品。

托尔斯泰 7 岁就开始写记事,在记事簿里,他描写了各种鸟类——老鹰、鸢、猫头鹰、鹦鹉。

托尔斯泰 9 岁时,开始写题为《外祖父的故事》的新笔记,这是对身经百战的老团长的各种奇遇的生动叙述;另一本笔记本叫做《格言》,他在里面画了些说明格言的速写。

1837 年,父亲为了让孩子们接受更好的教育,决定把他们送往莫斯科。托尔斯泰怏怏不乐地离开了亚斯纳亚·波利亚纳,离别了他所亲近的人。

可是很快,他的注意力被崭新的大城市吸引住了。后来,托尔斯泰和他的哥哥们常常乘坐轻便马车往返于亚斯纳亚·波利亚纳与莫斯科之间。

疾驰而来的三套马车、缓缓移动的车队、徒步的旅行者、铃声、赶车人悠扬的俄罗斯歌声、农村的烟味和焦油味、正在田间劳作的农民，这一切都给这位未来的作家留下了不可磨灭的印象。

在少年时代，托尔斯泰仍然保持着所有的天赋和童年的爱好。他对身边所有亲近的人仍然是那么温柔，仍然那么多情善感，仍然那么勤学好问、朝气蓬勃，富于敏锐的观察力。所有这些特质都在发展着、深化着，并且具有新的内容。1837年6月21日，托尔斯泰一家在莫斯科居住还不到半年，家庭又遭受了巨大的不幸。父亲去图拉城办事，猝然去世在那里。幼小的托尔斯泰知道父亲外出，却不相信父亲已经离开了人世，久久地盼望着父亲的归来。他在莫斯科街头徘徊着，在不相识的人们中间寻找着父亲熟悉的身影。

父亲死后不久，祖母解除了可爱的费德尔·伊凡诺维奇的教师职务，聘来了法国人圣—托马。新来的教师不像费德尔·伊凡诺维奇那样心地宽厚，他不是用爱抚而是用恐吓的办法来管教孩子，因此，托尔斯泰十分厌恶他。一年后，祖母也去世了。托尔斯泰的大姑妈阿·伊·奥斯坚—萨肯承担了对孩子们的监护责任。可是，孩子们最亲近的人仍然是远房的姑母塔季扬娜·亚历山大罗芙娜。

在漫长的冬夜，托尔斯泰喜欢听姑母和善良温柔的侍女杜涅奇卡的谈话。托尔斯泰后来写道："我的好思想和心灵的良好活动,是受益于这些夜晚谈话的。"父亲和祖母去世后,托尔斯泰一家的生活发生了巨大的变化,庄园的收入远远不够维持在莫斯科的开支。为了节省费用,决定让年龄大的尼古拉、谢尔盖同大姑妈和教师圣—托马留在莫斯科继续学习,其余年龄小的就由姑母带回亚斯纳亚·波利亚纳。这很称托尔斯泰的心意,因为不再跟讨厌的圣—托马念书了。后来,托尔斯泰和圣—托马的关系恢复了正常,并且建立了友好的通信联系。圣—托马是最早发现托尔斯泰具备敏锐的艺术感的人之一,而且劝他从事诗歌创作。

11 岁的孩子,未来的作家具有丰富的想象力,他时而想从烟雾弥漫的房子里救出妇女和儿童,或者拦住脱缰的奔马,救出马蹄下垂死的骑手;时而他又幻想自己是个将军,指挥着千军万马驰骋在广阔无垠的大草原上。

从莫斯科回到亚斯纳亚·波利亚纳后,托尔斯泰对生活的看法发生了变化。他同过去一样喜欢到村子里去,到农民的院落、木屋里去,同昔日的伙伴玩耍。

可是现在他开始觉察到过去未曾留意的事物。他看到了衣衫褴褛的农民,倒塌了的农舍,饥饿的牲口。他把农奴贫困的生活与自家的贵族生活做了比较,开始思考生活不公平的问题。

1840 年,图拉省发生旱灾,许多牲口饿死了,不少农民因饥饿而丧生。托尔斯泰家卖掉了部分田产,用这笔钱救助灾民们。

所有这些都引起了富有同情心的托尔斯泰的注意。大姑妈阿·伊·奥斯坚—萨肯看到人间的种种苦难,感到人生没有意义,就抛弃了贵族家庭到修道院隐居去了。

另一位姑妈彼·伊·尤什科娃—伊里尼奇娜成了孩子们的监护人。她是喀山省省长的夫人,住在喀山,于是就把孩子们带到喀山去。

托尔斯泰兄弟就住在彼·伊·尤什科娃姑妈家里,他们感到这里的环境和气氛迥然不同,对孩子们的教育没有任何人负责。

不久,大哥尼古拉从莫斯科大学转学到喀山大学,两年以后,二哥谢尔盖和三哥德米特里也考入了大学。

这时,托尔斯泰在教师的指导下准备报考喀山大学的东方语言系。他一丝不苟地钻研各门学科,读了很多书。但他最感兴趣的主要是文学作品,书籍为他开拓了一个新的世界。

在不断的探索中,托尔斯泰对生活树立了新的观点。后来,他在中篇小说《青年》中写道:"这种观点的实质就是坚信,人的使命就是力图达到道德上的自我完善,这种完善是容易做到的,可能的和永无休止的。"

1844 年 5 月,16 岁的托尔斯泰报考了喀山大学哲学系东方语言专业,但是考试没有合格。

同年秋天,托尔斯泰再次报考大学,考试合格。作为东方语言系土耳其——阿拉伯语言专业的大学生,出现在喀山大学的校园里。

进入大学以后,托尔斯泰置身于一群青年之中,体验到了学校大家庭的温暖。对他来说,这是一种新的情感,是他在家庭教育中从未体验过的。

他非常喜欢大学生活。地主们来喀山过冬,接连不断地举行晚会和舞会。彼·伊·尤什科娃姑妈竭力要把托尔斯泰兄弟拉进喀山上流社会生活的圈子,领他们去参加各式各样的晚会,拜访省首席贵族、喀山学区督学和其他显要人物。

然而,他越来越觉得孤独、无聊,一切都不合他的心意。一年级以后,他转到法律系,他认为法学对社会更有裨益。

然而,托尔斯泰从法律系的课程中没有学到任何有用的东西,鉴于这种情况,他准备离开学校。刚好这时他们兄妹几个所继承的产业已经分配完毕,托尔斯泰继承了亚斯纳亚·波利亚纳和另外 4 个田庄。最后,终于没等到 5 月的考试,在 1847 年的复活节过去之后,他就请求退学,说是由于"健康不佳和家事的关系"。4 月 14 日,学校当局批准了他的申请,同意他退学。5 月 1 日,托尔斯泰又回到他"生于斯,长于斯"的故乡亚斯纳亚·波利亚纳。

◉ 年轻的庄园主

河川泛滥,波涛汹涌;草木萌生,大自然欣欣向荣,一片鹅黄嫩绿;云雀在空中飞翔,欢乐地歌唱,春到人间。

春天总是使托尔斯泰精神振奋,在他面前展现出奇妙的、只有他自己明白的远景,激发起他超人的精力、朦胧的希望和执著的追求。

托尔斯泰热爱的姑母塔季扬娜·亚历山大罗芙娜,以及他熟悉的老仆人、家丁都出来热烈欢迎他。

托尔斯泰回到乡间不久,哥哥和妹妹都来了,大家见面非常高兴,重温自己在这里度过的童年生活。不过,托尔斯泰一家人聚在一起,是为了分父亲的地产。19岁的托尔斯泰分到了亚斯纳亚·波利亚纳,虽然这处庄园的收入是所有庄园中最少的,但托尔斯泰愿意要这处庄园,因为这是他的亲人、首先是母亲居住过的地方。是他母亲的陪嫁产业,所以他非常珍爱它。

这时,托尔斯泰已成为一个年轻的地主,一个拥有1200俄亩土地和330名农奴的庄园主。他怀着极大的热情着手整顿自己的产业。

他精神抖擞地沿着亚斯纳亚·波利亚纳村宽阔而又肮脏的街道往前走去,街道两旁木屋连绵,屋顶上的草由于日晒雨淋,变成了浅褐色,墙根的土台上有几位老人在晒太阳。

托尔斯泰沿途走进几家木屋,同庄稼人攀谈,农民称呼他"大人",不明白老爷为什么光临他们的家,要干什么。

穿着自织麻布衬衫的孩子们吓得紧紧地依偎在母亲的怀里。到处都是贫穷污秽,栅栏里的瘦马也满身沾满了粪土。托尔斯泰从来没有想到他的农奴们所过的生活竟然如此贫穷可怕,而他那个阶层的人、姑母和管家则认为农奴是下等人,天生就应该给地主做牛做马。

这时,托尔斯泰的脑海中出现了一个美好的、远大的计划,他希望为自己的计划献出毕生的力量,让农民摆脱贫困,过上富裕生活,享受教育,"改正他们由于愚昧和迷信而产生的缺点,发展他们的道德情操,使他们热爱善"。

这些想法常常使得托尔斯泰心绪不宁。

每天,他早早地起床,到田间、森林和果园里散步,有时他躺在枝叶茂密的老松树下,凝视着无际的碧空,突然眼眶里涌出欢乐和幸福的泪水。

托尔斯泰这时还太年轻,只知道担忧着急,不懂得农奴制度本身已经腐朽了,这是那个时代的主要问题。不管他在经营管理上如何改革。不管是购置新机器,还是建立农场、开办学校和设立医院,都不能使农民们满意。

他一次又一次地到村子里把粮食分给那些贫困的农民,对有些人用现金去救济,又把自己的一部分森林分给农民去支配,并且取消了对农奴的体罚。

这些措施引起了庄园周围的地主的强烈不满,然而农民的生活状况仍旧没有得到改善。

不管他走进哪家木屋,到处都是同一景象,农民们不愿意改变多年形成的陈规陋习,不了解他的善良意图。

这些都使他惶恐不安,他一度曾沉醉于音乐之中,一连数小时地弹钢琴。但是音乐也不能帮助他摆脱这令人窒息的气氛。

托尔斯泰在从事庄园管理的同时,继续学习法学、统计学、外国语,修习音乐和绘画,此外,还阅读了大量的文学著作。他特别喜欢卢梭的《忏悔录》、《爱弥儿》、《新爱洛绮丝》,这些书给了他"巨大影响"。阅读孟德斯鸠的著作和歌德、莎士比亚、拜伦、仲马、狄更斯的作品。

普希金的《叶普盖尼·奥涅金》、莱蒙托夫的《当代英雄》和果戈理的《死魂灵》给他留下了深刻的印象。

托尔斯泰在乡村继续写日记,直率、真实、深刻是他这一时期日记的特点。他从一本《富兰克林传》中读到,富兰克林有一个专门记载自己缺点的记事本,以便改正。他也毫不犹豫地给自己准备了一个这样的记事本,在日记中注意自我分析,鞭挞自己无所事事的生活和自身的缺陷。

托尔斯泰在乡村紧张地工作了一年,他所制订的许多农事计划都遭到了失败。但是,他成长起来了,对农村生活有了新的了解,获得了经验。

1849年初,托尔斯泰前往莫斯科,在那里过着一个拥有富庶庄园和一两万卢布收入的年轻人的地位所允许的生活,用他本人的话说,"非常懒散,既无职业,又不工作,毫无目的"地度过了4个月。

有一段时间,他对打牌着了迷,输了很多钱,欠下了债务,这笔债后来很长一段时间困扰着他的生活。

莫斯科的生活,不久就使托尔斯泰感到厌倦,他对"放任自己沉湎于上流社会生活"很不满意,又为京城的生活所吸引,便突然去了彼得堡。

在彼得堡,托尔斯泰参加了法学学士学位的考试,其中刑法和民法两科顺利通过了。

不久,彼得堡的生活又使他失望了,他希望获得学位的计划落空了。他不愿意去做官吏,打算到即将开往维也纳的骑兵近卫军团去当一名士官生,希望获得军官军衔。但是,这个愿望也没有实现。当春天刚一来临,迷人的农村生活的魅力又吸引了他。5月,他回到了故乡。

农村的恬静风光和充满诗意的民间音乐,使托尔斯泰忘掉了一切挫折和失意。在他面前出现了一幅童年时代的网画,他陶醉在这美丽的大自然中。这时,一种难以表述自己内心世界的痛苦不时地萦绕着他,他想打开自己的心扉,让人们去了解他。他萌动了一种想把自己感受到的东西描述出来，让别人也感兴趣的欲望。大概，这种苦恼，这种欲望就是他即将开始创作的预兆。

当时，贵族必须担任文职或武职，他们虽然担任了这种公职，往往是纯形式的，只是挂名而已。托尔斯泰也在图拉省行政管理局担任了一级录事。

音乐对托尔斯泰来说一贯具有强烈的吸引力，莫扎特、海顿、舒伯特、肖邦是他喜爱的音乐家。他同时也非常喜欢民间音乐，一边吹着茨冈人旋律的口哨，一边把它们谱成曲谱。

塔季扬娜·亚历山大罗芙娜姑母给了托尔斯泰良好的影响。从姑母那里他第一次知道了"尽力而为，听天由命"这句格言，他非常喜欢这句格言，在书信、对话、甚至自己的文学作品里都引用它。

在他逝世的前 4 天，还把这句格言抄录在自己日记本的最后一页上。姑母曾劝说托尔斯泰写小说，显然，她当时已经从托尔斯泰身上觉察到了他具备了作家的才能。在总结1850 年的生活时，托尔斯泰在日记中写道，这个时期他身上产生了巨大的转变："我不再去设计那种空中楼阁，编制那种任何人也不能实现的计划。对于这种信念的改变来说，最主要、最有利的是，我不再企图通过自己一个人的理智去达到某种目标，再也不轻视人们惯常遵循的种种虚套了。"

1850 年的整个冬天，他一直住在莫斯科。他的举止和行为很慎重，他在写给姑母的信中说："我孑然一身，哪儿也不去，而且也不接待任何人。"伴随着道德情操的完善，他的世界观发生了变化。作为一个贵族，他越来越鄙视和疏远了贵族上流社会。

为了增强自己的记忆力,托尔斯泰每天都背诵些东西,还学习英语,阅读法国诗人拉马丁的《吉伦特党人的故事》、《日内瓦人》、《约瑟兰》,法国作家贝尔纳丹·德·圣皮埃尔的长篇小说《保尔和薇吉妮》、德国诗人歌德的小说《少年维特之烦恼》、洛林斯·斯特恩的《感伤的法兰西和意大利之旅》。

托尔斯泰提出了艺术作品中最主要的问题是什么的见解,他说:"一切作品要想成为好的作品,就应该像果戈理谈到他的饯别故事《她唱出了我的心声》时所说的那样,要歌唱出作者的心灵。"

托尔斯泰以这一原则奠定了自己文学创作的基础,45 年后,他又重复了这一见解:"艺术作品中主要的东西是作者的心灵。"

春天,托尔斯泰回到了亚斯纳亚·波利亚纳。大哥尼古拉也来了,他投笔从戎,被调往高加索。他建议托尔斯泰一道到高加索去。

这一提议使托尔斯泰非常高兴,这似乎是使他摆脱长期犹豫不定的生活境遇的出路。他希望在自己的生活中翻开新的一页,所以欣然接受了大哥的建议,到高加索去,并在那里开始了他的文学创作生涯。

◉ 军旅生涯

1851 年 4 月底,托尔斯泰兄弟俩动身去高加索,并在那里开始了他的文学创作生涯。

在 19 世纪的上半叶,高加索是残酷斗争的舞台,也是俄罗斯进步人士的流放地,莱蒙托夫和许多十二月党人都被流放到这里。

夏天,托尔斯泰同哥哥一起以志愿兵的身份参加了袭击山民的战斗,后来他又以"四等炮兵下士"的身份参加镇压山民暴动的战斗。在战斗中,托尔斯泰表现得英勇顽强,获得了十字勋章,晋升为准尉。托尔斯泰十分欣赏哥萨克人的风俗和自由的生活(在哥萨克人中从未存在过农奴制度),喜欢他们淳朴的秉性。

托尔斯泰置身于高加索普通人中间,被那里美丽的大自然感染,并在普希金、莱蒙托夫、屠格涅夫等作家的影响下,开始了他的文艺创作。

1852年11月,《现代人》杂志第9期以《我的童年故事》为题发表了托尔斯泰的处女作,在当时引起了强烈的反响。

在《我的童年故事》中,作者以令人惊叹的艺术技巧描绘了主人公生活的贵族庄园,它的环境与亚斯纳亚·波利亚纳庄园极为相似。虽然托尔斯泰强调过他写的不是自己童年的故事,但是,小说中主人公尼科连卡的经历、思想情绪和生活中的许多事件都和作者的童年类似,如玩耍、爱好、莫斯科的旅行、朗诵诗歌等等。

小说中的某些人物也很像作者童年时期周围的一些人。譬如,小说中的祖母形象与托尔斯泰的祖母非常相像;尼科连卡的母亲也是作者根据身边的人们对他母亲的回忆,经过艺术加工而塑造出来的。用作者自己的话说,在我的童年的故事中，"真实与虚构错综复杂地交错在一起"。

1852 年 12 月，托尔斯泰结束了短篇小说《袭击》的写作，寄给了《现代人》杂志主编涅克拉索夫。在这个短篇小说里，作者描写一次他亲自参加的袭击山民的战斗。

小说的主人公赫洛波夫大尉，是一个勇敢、坚定的人，他的性格特征和作者所热爱的长兄尼古拉极为相似。

在《袭击》中，作者不加渲染地描述了受俄国指挥官怂恿的对山村的破坏、抢劫和对当地居民的杀戮行为。从人道主义出发，作者鲜明地站在山民一边，同情他们，谴责俄国军队的暴行。

《袭击》发表在 1853 年《现代人》杂志第 3 期上，遭到了政府书刊检查机关的大量删改。对此，托尔斯泰非常气愤。

两年半的高加索军旅生活在托尔斯泰的生活中留下了鲜明的印记。他把这一时期看作他生活中的最好时期。

1854 年 1 月，托尔斯泰从高加索回到了俄罗斯。一踏上那片熟悉的土地，他就沉浸在昔日甜蜜生活的回忆之中，他十分珍惜在自己心爱的庄园中的生活。可是没待多久，就被派往多瑙河部队，前往布加勒斯特。当时，沙俄帝国正在向外扩张。

1853 年 6 月 14 日，俄国向土耳其宣战，一举歼灭了土耳其的海军舰队。英、法两国为了与俄国争夺市场，不能容忍俄国独霸土耳其，称雄黑海，于是支持土耳其，于 1854 年 3 月对俄宣战，克里木

战争全面爆发。托尔斯泰被调往克里木的塞瓦斯托波尔前线。

不久,他以准尉军官的身份担任了炮兵连长,参加作战,在防线最危险的第 4 号棱堡待了 1 个半月,在那里常常遭遇敌人的猛烈攻击。但是,死亡的逼近并没有使他害怕,他整天地工作着。紧张的一天结束的时候,出于心满意足,他大声地呼喊着"呜啦!"由于他在战斗中勇敢顽强的表现,被授予奖章。

在战斗中,托尔斯泰仔细地观察着,认真地思考着。一方面,他目睹了俄国士兵英勇顽强的战斗精神,"每一个军人的心灵都蕴藏着一点能使他成为英雄的高尚的火花";另一方面,他又痛心疾首地看到军官的腐败、军纪的涣散,人们不相信自己,因循守旧,寄希望于圣尼古拉。他认为,这是俄罗斯人民千百年来的弱点,由于这些弱点,这个在历史上曾经为世界贡献过许多杰出人物的民族落后于人了。

俄国如果不彻底改造,就必然会灭亡。

1855 年,托尔斯泰根据自己亲身经历的战斗生活写了《1854 年 12 月的塞瓦斯托波尔》、《1855 年 5 月的塞瓦斯托波尔》和《1855 年 8 月的塞瓦斯托波尔》三篇短篇小说。

塞瓦斯托波尔的战斗环境，引起托尔斯泰对于自己未来生活的思考。脱离军职、从事文学创作的想法在他的脑海中越来越成熟。著名文学家屠格涅夫也坚持说服托尔斯泰离开军队，从事文学创作。

尽管俄罗斯人民还在为塞瓦斯托波尔的沦陷感到悲伤，但沙皇政府在克里木战争中的失败已引起了全国巨大的社会性热潮。广大农民不愿再处于贵族地主所有制的统治之下，农奴解放的问题已经提到议事日程上来了。人们都在期待着发生巨大的变革，托尔斯泰怀着这种变革的希望，于1855年11月回到了彼得堡。

在这里，托尔斯泰结识了诗人丘特切夫、迈科夫、波隆斯基，作家冈察洛夫、皮谢姆斯基，剧作家亚·奥斯特洛夫斯基，文学批评家安年科夫、鲍特金。这些都对托尔斯泰以后的文学创作产生了深远的影响。

俄国农奴制改革前后，农民暴动的浪潮遍及全国，阶级斗争日趋激烈，社会动荡不安。俄国究竟向何处去？这是每一个有志之士都在思索的问题。托尔斯泰为了更好地认识周围发生的事件的意义，寻求解决社会问题的方案，先后两次出国考察。

1857年1月29日，托尔斯泰首次出国，用了1年半的时间，先后访问了法国、瑞士、德国、意大利和比利时等国。

托尔斯泰到达巴黎时，正当法国东方战争胜利结束，全国上下呈现出一片热烈的气氛。拿破仑三世力图维护自己帝国的尊严，极力鼓吹法国资产阶级发财致富，从而促进了投机事业和工业活动的发展，五花八门的消闲娱乐也同样受到鼓励，许多娱乐场所和戏院应运而生。

这期间,屠格涅夫和涅克拉索夫都在巴黎,托尔斯泰在那里见到了他们,并且结识了与屠格涅夫非常友好的法国作家罗斯佩·梅里美。

托尔斯泰对巴黎的许多文化遗迹和图书馆赞叹不已。他3次去过卢浮宫,这是各个时代、各民族艺术的最丰富的收藏地。他欣赏了荷兰画家伦勃朗和意大利文艺复兴时期的画家达·芬奇等人的绘画,游览了路易十四在凡尔赛的豪华公园、精美的喷泉和著名的宫殿,参观了索邦的巴黎大学,并在那里听了许多讲座。

他还参观了法兰西学院和世界藏书最丰富的图书馆之一的公共图书馆。同屠格涅夫一起游览了著名的巴黎圣母院。

托尔斯泰在巴黎目睹了许多富有教育意义的事情,法国的"社会自由"博得他的赞赏,心情非常愉快。

但是,托尔斯泰在巴黎住了1个半月,就被沸沸扬扬的喧嚣声吵得疲惫不堪。巴黎交易所的混杂拥挤的场面、狂热人群的叫喊和交易者的贪婪,使托尔斯泰不胜感叹:"交易所真可怕!"当他在巴黎一个广场上作为一个见证人目睹在断头台执行死刑的场面以后,就更加想离开这里。

离开巴黎,托尔斯泰前往瑞士的日内瓦。在日内瓦湖畔消磨了近 2 个月的时光,他每天都去欣赏那连绵起伏的青山和碧绿如镜的湖面。

托尔斯泰在一个地方待不住,他哪儿都想走走,什么都想看看。他在一个 11 岁的男孩萨沙·鲍里万诺夫的陪伴下游览了瑞士的山脉和乡村。

置身于异国他乡的大自然之中,托尔斯泰感到孤独冷清,特别是当他来到离莱茵河不远的琉森城的时候。在那里,他下榻在湖畔的瑞士旅馆,湖岸上城堡的断垣残壁依稀可见,一直延伸到远处的山间。

有一天,作家在沿岸街道上漫步,欣赏着远方雾沉沉的群山和黑糊糊的湖岸上的点点灯光。突然,他听到了吉他伴奏的歌声,那饱含诗意的音调和乐器甜滋滋的声音在他的心灵里激起一阵阵欢快喜悦的情感。他快步走上前去,

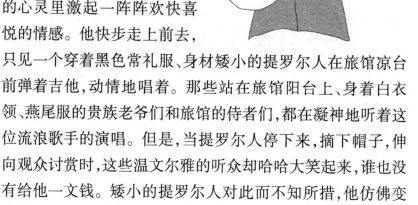

只见一个穿着黑色常礼服、身材矮小的提罗尔人在旅馆凉台前弹着吉他,动情地唱着。那些站在旅馆阳台上、身着白衣领、燕尾服的贵族老爷们和旅馆的侍者们,都在凝神地听着这位流浪歌手的演唱。但是,当提罗尔人停下来,摘下帽子,伸向观众讨赏时,这些温文尔雅的听众却哈哈大笑起来,谁也没有给他一文钱。矮小的提罗尔人对此而不知所措,他仿佛变得更小了,转身消逝在茫茫的夜色之中。

　　看到眼前发生的一切,托尔斯泰感到非常气愤。他仿佛觉得这群没有心肝的富翁对瘦小艺术家的侮辱就是对自己的侮辱。他快步追上贫穷的歌手,邀他一同去旅馆用餐。这时,托尔斯泰发觉,他这种举动不仅使贵族,甚至使洗碗妇和仆役都感到惊讶和难堪。

　　旅馆不允许他把提罗尔人带进英国人就餐的大厅。托尔斯泰非常生气。"为什么?"他质问旅馆的仆役。"难道这儿不是人人平等吗? 你们的共和国这么糟糕;瞧,原来这就是英国人的平等,听一个穷人给他们唱歌,给他们消愁解闷,他们却不花一文钱。"

　　当时,托尔斯泰真想跟这些瑞士人、英国人打一架。他们对待这位身材矮小、贫困而有才华的人的毫无人性的态度使托尔斯泰大为愤慨。他看到在这个世界上,钱就是一切,为了钱可以把所有的人赶出祖国,为了钱也可以出卖自己的灵魂。

　　提罗尔人的悲惨遭遇,促使托尔斯泰提笔写了一篇短篇小说《琉森》,发表在1857年的《现代人》杂志上。

　　翌年,托尔斯泰又写了与《琉森》题材相近的短篇小说《阿尔别特》,发表在《现代人》杂志上。

　　在国外,托尔斯泰继续写作《哥萨克》、《青年》,阅读法国作家卢梭、巴尔扎克、小仲马的作品和有关法国革命史的著作,对歌德发生了浓厚的兴趣。

　　托尔斯泰从瑞士去了德国,参观了许多城市,最后抵达德累斯顿,在那里参观了著名的德累斯顿美术博物馆,欣赏了西克斯丁的圣母像。

　　在参观德国学校时,托尔斯泰头脑里产生了要为农民开办子弟学校的想法。国外旅游大大开阔了他文学艺术的视野,增强了他对俄国社会落后状况的清醒认识,但他没有拜倒在欧洲的面前。尽管他对外国的自然风光赞叹不已,对外国的艺术珍品倾慕得五体投地,但他仍然眷恋着俄罗斯的山光水色,深深地怀念着故乡的一切。

◉ 新婚之后

托尔斯泰年轻时曾经多次谈过恋爱,但都没有成功。

1862年,托尔斯泰已经34岁了,不得不严肃地考虑自己的婚姻问题。在此以前,他就同宫廷御医安德烈·叶夫斯塔菲叶维奇·别尔斯一家人相识,特别是托尔斯泰从国外回来以后,他经常去别尔斯家里做客。

别尔斯有3个女儿——丽莎、索菲娅、丹尼娅。托尔斯泰在别尔斯家里感到温暖和舒适,他以温柔而又忧伤的神情注视着别尔斯夫妇的二女儿索菲娅。仿佛觉得自己所憧憬的幸福是无法实现的,内心矛盾极了,久久下不了决心向索菲娅吐露自己的感情。别尔斯夫妇则把托尔斯泰的频频来访看成是向他们的大女儿丽莎献殷勤,而丽莎确实也钟情于他。

但是,托尔斯泰热恋着的是索菲娅,他迷恋索菲娅那素朴的性格、灵活的头脑和真挚的感情。

1862年2月,别尔斯夫人带着3个女儿乘车去她父亲的领地伊

维查,顺路来到亚斯纳亚·波利亚纳。托尔斯泰热情地接待了她们,第二天又送她们到伊维查。就在那里,像《安娜·卡列尼娜》中列文向吉蒂求婚一样,托尔斯泰在客厅的圆桌上用粉笔写出了一些单词的第一个字母向索菲娅表白了爱情。

不久,托尔斯泰正式向索菲娅求婚,她欣然接受了。9月,托尔斯泰和索菲娅结为伉俪。婚后,他和索菲娅回到了亚斯纳亚·波利亚纳,受到了塔季扬娜姑母和谢尔盖哥哥的热情欢迎。

索菲娅给亚斯纳亚·波利亚纳庄园的生活带来了勃勃生气,她很快就着手整顿荒废的家业。用花儿装饰住所的房间,住所周围辟出花坛,前面绿草坪上培植了番红花、山茶花、玫瑰花、茉莉花、洋槐,经过剪修,又补上了丁香和金银花。春天,花园里鸟语花香,生气勃勃。

塔季扬娜姑母也住到他们家来了,她喜欢索菲娅,一家人相处得十分融洽。托尔斯泰的哥哥谢尔盖、妹妹玛莎,还有索菲娅的妹妹丹尼娅,也常来做客。托尔斯泰和亲人们一起弹琴歌唱,沉浸在新婚家庭的幸福之中。

托尔斯泰获得了精神上的静谧,他很满意现在的生活,过去所有的惊慌、怀疑情绪似乎销声匿迹了。

他的生活道路更加明朗了,工作位置也确定下来了:文学创作、教育和家庭,这就是他现今的生活内容。

托尔斯泰坚强的性格和热爱生活的禀赋,表现在他对各式各样活动的热爱上。他一旦着手这种或那种工作,就埋头苦干下去。这期间,他种植果树,繁殖猪、绵羊、小牛、鸟,对养蜂着了迷,还想把全家人都吸引到养蜂工作上来。

不久,他又恢复了一度中断了的文学创作工作。

《战争与和平》是托尔斯泰从 1863 年开始创作至 1869 年完成的一部史诗体长篇小说,是俄国文学史上第一部卷帙浩繁的长篇巨著。

◉ 走向人民

1870 年 4 月,托尔斯泰在笔记本上又写下了关于写作一部长篇小说的构思。在长篇小说《安娜·卡列尼娜》的创作即将结束的时候,托尔斯泰对自己的生活感到越来越不满意,世界观产生了严重的危机。

他看到广大人民过着极端贫困的生活,由于饥饿濒于死亡;而那些脑满肠肥的沙皇官僚不仅不能、也不想改变现状。他看到了剥削者和被剥削者之间存在着一条不可逾越的鸿沟。因而明白了他的各个阶级团结起来的全部理想、全部希望都将化为泡影,地主阶级和农民阶级的利益是永远不可能一致的。他经过深思熟虑得出一个结论:地主阶级(他就属于那个阶级)不能重新振作起来,不能拯救自己的国家,也不能建立一个人人满意的理想社会。

以后怎么办呢?怎样活下去呢?托尔斯泰在本阶级中无法找到解救的办法,于是把视线转向劳动人民。

托尔斯泰对老百姓很亲近,也很尊重,因而人们纷纷从农村,从俄罗斯最遥远的各个角落来亚斯纳亚·波利亚纳拜访他。在同普通老百姓的交往中,他努力去了解百姓的痛苦和要求,去领悟人民的道德情操和学习他们的语言。

1881年秋,托尔斯泰为了让孩子们受到更好的教育,全家迁往莫斯科。

在莫斯科,他的心绪很坏,因为上流社会消闲娱乐的风气像一股不可遏止的潮流侵袭着他的家庭生活。街头的喧闹,城市的拥挤,奢侈与贫困的尖锐对立,无时不使他心烦意乱。

托尔斯泰思想苦闷,寻求同人民和大自然接触。他乘船渡过莫斯科河,登上麻雀山,在大自然的环抱求得休憩。当他在树林里遇上干活的人们,就愉快地同他们一起锯木头,劈烧柴,长时间地交谈。

为了更好地了解城市普通居民的生活,1881年严冬的一天下午,他访问了希特罗夫小客栈,在这里聚集着许多来自外省的农民,他们饥饿,衣衫褴褛,在严寒中颤抖,等待着进入这个贫民小客栈过夜。

他把身上带的钱全部分给了他们,但是还不够,不能满足1/10的农民的要求,成千双受苦受难的眼睛盯着他,等待着救济。

1882年初,莫斯科进行居民人口调查,托尔斯泰向人口普查主管人提出申请,要求参加这项工作。他被分配到"最可怕的贫困和堕落的巢穴"——勒扎诺夫大杂院,在那里,他亲眼看到了社会底层人民的悲惨生活,难过得痛哭流涕。他在《论莫斯科人口调查》一文中分析说:"如果莫斯科有成千上万的人忍饥挨饿,并因此而死亡,那罪过不在他们身上。如果追查罪人,那就是那些深居高楼大厦、出入乘华丽马车的人。"他认识到了广大人民贫穷饥饿的根源,并且把自己也放在犯罪的位置上进行自我批判。

参加人口普查工作以后,托尔斯泰对统治阶级更加憎恨,对被压迫、被奴役者的同情更加强烈了。城市生活令人窒息的气氛使他喘不过气来,难以忍受。他回到亚斯纳亚·波利亚纳。以便使自己的头脑"从浑浑噩噩的莫斯科生活中清醒过来"。

在自己的庄园里,他以满腔的激情撰写揭露性文章《那么我们应该怎么办?》。他在文章开头写道:"我的一生不是在城里度过的,当我 1881 年移居到莫斯科时,城市的贫困使我感到惊讶。我了解农村的贫困,而城市对我还是新鲜的、陌生的。在莫斯科,不管走到哪条街道都会遇到乞丐,同农村不同的特别乞丐。"如果说托尔斯泰过去对城市上流社会的奢侈生活只是感到不满,那么现在则是深恶痛绝了。

托尔斯泰在生活的旋涡中无力自拔,思想和现实的矛盾既不可以调解又无法解脱,终于使他看穿了西方"文明"、"理性"的虚伪,在全盘否定了资本主义生产方式以后,转向"宁静"的东方哲学中寻求真理,在"全人类的远古时代制定的指导定则中"找到了"生活的力量"。

托尔斯泰从1877年开始阅读老子的著作,写过大量评注和介绍老子思想的文章,还准备将老子的《道德经》从法、德文译成俄文,最后由于精力不及和语义上的障碍未能完成。但托尔斯泰对老子的兴趣有增无减,专注地学习和研究老子著作,持续到暮年。托尔斯泰还研究过孔子、孟子和墨子等中国古代哲学家的学说,而老子对他的影响则是"巨大的"。

尽管托尔斯泰对东方民族的哲学给予了高度的评价,但是圣贤们的伟大真理不能使他摆脱对人民痛苦和贫困的各种思虑,不能使那些一直折磨着他的问题得到圆满的解答。

在撰写《那么我们应该怎么办?》的同时,托尔斯泰继续写作民间故事,这是他创作生涯中的一个重要阶段。他常常到农民家里去,了解农民对什么问题最感兴趣。

1884年底,他的朋友弗·契尔特科夫按照他的意见在莫斯科成立了"媒介出版社"。出版社的宗旨是出版和普及通俗易懂、人民群众喜爱的书籍。

托尔斯泰努力接近人民,全身心地投入到各种对人民群众有益的工作中去,而他和家庭的关系却越来越疏远了。家里人对他所做的一切不理解,不支持,他感到孤独。

家庭的压力使托尔斯泰成了一个素食者——拒绝食肉,

戒了烟,尽力使生活更加俭朴。

一种念头总在他的脑际萦绕回旋:"难道不能永远放弃当老爷的庄园吗?难道不能搬到农舍同劳动人民一起生活,像农民一样吃饭,像农民一样干活,用自己的劳动,用自己的劳动果实来养活自己?"他充满向往地回答道:"这才是生活!这才是真正的名副其实的幸福!"

在莫斯科的时候,他每天晚上都去鞋匠的作坊里学做鞋的手艺。他经常打水劈柴,和农民一起到田间地头割草耕地,休息时和农民一起吃土豆。农民有了困难他总是热情地帮助他们。

托尔斯泰一生都在为人民探索幸福,他确信,幸福应该是建立在这个地面上的,而不是像教堂执事们所教诲的那样,存在于天堂。他殷切地希望消除贫困、穷苦、饥饿、牢狱、刑罚、战争、残杀和民族间的歧视。他对各族人民都抱着同样的尊重态度,人与人平等对他来说是不容置疑的。

◉ 晚年

托尔斯泰曾经长时间地、反复地思考艺术问题,他初进文坛就受到别林斯基现实主义美学理论的影响,认为文艺创作要如实地"再现生活","表现心灵的真实"。

1897年到1898年,托尔斯泰撰写了《什么是艺术》。对他来说,重要的不仅在于阐述自己对艺术的见解,而且在于揭露当时风靡一时的资产阶级颓废艺术的虚伪堕落及其哲学思想基础,这个派别的宗旨是使艺术脱离生活,脱离现实,剥夺艺术的最主要功能——为人民大众服务。

　　托尔斯泰晚年的许多作品都反映了自己这种新的艺术理论。在中篇小说中,托尔斯泰反映了俄国社会生活的各个方面,提出了一系列重大的社会问题:私有制的罪恶(《霍尔斯托美尔》)、资产阶级的伪善道德(《伊凡·伊里奇之死》)、资产阶级的贪婪(《老板和工人》)、资产阶级家庭的解体(《克莱采奏鸣曲》)、官方教堂的虚伪(《谢尔吉神甫》)等等。

　　托尔斯泰的晚年小说不仅涉及到地主资产阶级社会的制度问题,同时还提出了有关这个社会道德的基础问题:家庭、婚姻和爱情。

　　从1896年到1904年,托尔斯泰在查阅大量历史资料的基础上,十易其稿,写出了他的最后一部杰作——中篇小说《哈泽穆拉特》。

　　在19世纪70年代,托尔斯泰的世界观发生了激变,抛弃了上层贵族的一切传统观念。

　　人们认为富裕的财产和享乐的生活是光荣,是幸福,他却感到自己富裕的贵族家庭生活是一种罪过,是耻辱,决心要抛

弃它,因此产生了离家出走的念头。

10月28日,在这个凄凉的秋夜里,一辆四轮轻便马车驶出了亚斯纳亚·波利亚纳。

托尔斯泰本想隐居到附近的农民诺维科夫家去,但估计妻子很可能会来寻找,于是乘火车往南走,假如弄到护照,就到保加利亚托尔斯泰主义者的移民区去,如果弄不到护照,就到高加索去。

途中,托尔斯泰生病了。秋天的阴霾天气和感情的煎熬,都不能不影响82岁老人的虚弱身体。

在阿斯塔波沃车站(后改名为列夫·托尔斯泰车站),人们把完全病倒的托尔斯泰从列车上抬下来,安置在奥佐林站长的家里。

托尔斯泰患病的消息不胫而走,传遍了全世界,小小的阿斯塔波沃车站成了俄国和世界各国成千上万进步人士注目的中心,各行各业的人们和许多大学生纷纷来到这里。

11月7日清晨,托尔斯泰与世长辞。人们对他表示深深的悼念。

托尔斯泰的文学传统不仅通过高尔基而为苏联作家所批判地继承和发展,在世界文学中也有其巨大影响。

第六章

"浪漫主义"诗人普希金

◉ 皇村神童

1799 年 6 月 6 日,在莫斯科郊外的戈布里诺庄园里,贵族谢尔盖·普希金迎来了他婚后第一个儿子的降临。这位崇尚功名的父亲给他的儿子取名叫亚历山大·普希金。于是这位后来的大诗人就有了一个响亮的名字,好像那位远古的威严君主一样,诗人成年以后也喜欢自己的名字并以此为自豪。

小普希金童年的生活环境很优越,但贪图享乐的父母对孩子却并不喜欢,他们觉得小普希金太淘气太顽皮。幸亏小普希金还有个慈祥的外祖母。她是俄皇彼得大帝黑奴汉尼巴尔的孙女,普希金因此而保留着北非埃塞俄比亚人的血统。外祖母对小亚历山大格外疼爱,常常给他讲自己的家史和俄国历史传说。另外,普希金一生下来就得到奶妈阿丽娜·罗季昂诺夫娜的细心照料。

这位朴素慈爱的劳动妇女不仅有一颗善良的心灵,而且还很有智慧,她知道许许多多的民间谚语、童话故事。奶妈不光从生活上照料普希金,而且给他以精神上的丰富养料。

阿丽娜勤劳的品格、乐观的精神给了普希金潜移默化的影响。她一直跟随着普希金,成为他记忆中最难忘的一个人物。

诗人从小生活在莫斯科郊外的庄园里。在这里他开始了对世界的直观了解,乡间的自然风光是普希金童年的第一个老师。

而引导他认识大自然的是他家的青年长工尼基塔。

这位壮实的庄户汉子经常带领小普希金和其他小伙伴去爬山、涉水、滑雪橇,坐着三匹马拉着的轿车去领略白桦林的优美,在开满蒲公英黄花的绿茵上嬉戏,去田野里聆听农奴们动听的民歌。所有这一切都培养了诗人健康的心灵,也使他从小就养成了与普通百姓交往的好习惯。同人民心灵的沟通最终使普希金成为人民的诗人。

普希金诞生的时代,法兰西文化风靡了整个俄罗斯。上流社会都以崇尚法国生活方式为时髦。普希金的父亲和母亲都说得一口流利的法语。酷爱法国文艺的母亲娜杰日塔·奥西波娃有时读法国浪漫小说入了迷,竟然忘了照顾自己的孩子。

为了使普希金能获得标准的法式教育,父母为他请来了两位法籍家庭教师。其中的一位不仅谙悉法国文艺,而且还擅长绘画。

在他的精心指导下,普希金既学会了法语,又熟练地掌握了绘画技巧,使他很早就显得多才多艺。后来,他凭借绘画的才能,曾为自己的许多诗歌画了插图和人物肖像,创刊 160 余年的俄罗斯《文学报》(一度称苏联《文学报》)那刊头的普希金头像就出自于作者本人的手笔。

普希金的家里经常举办文艺沙龙。文坛名流杰尔查文、茹科夫斯基·卡拉姆津以及诗人的叔父瓦希里·普希金都是他们家中的座上客。小普希金常常像个大人一样,静静地坐在一旁听长辈们谈论文学和艺术。

小普希金在这样的文学沙龙里受到了俄国和西欧文学的初步的熏陶。在普希金的诗歌写作生涯中他最重要的启蒙教师首推他的叔父瓦希里。叔父也是当时一位小有名气的诗人。

瓦希里很早就发现了小普希金的文艺天赋,经常指导普希金阅读文学作品,教他写作诗歌。据普希金家人的回忆,小诗人早在七八岁时就开始写诗了。这样,一个能作诗会画画和熟悉俄法两种语言的聪颖男孩在 1811 年就顺利地跨进了令人羡慕的皇村中学。

在这所贵族子弟云集的学校里,普希金依旧保持着他那天真烂漫、乐观活泼的性格。他不喜欢教条式的讲课,数学、统计学也不是他的兴趣所在,吸引这位多才多艺的少年的依然是文学和艺术。荷马、维吉尔、贺拉斯、莫里哀、伏尔泰、卢梭、司格特、罗蒙洛索夫、杰尔查文、克雷洛夫、卡拉姆津、茹科夫斯基都是普希金热爱的作家。

皇村中学的学习环境极为优越,许多有名的教授在这里讲课,学生们可以享用皇家的图书馆。普希金简直可以说是一个"书虫",他不仅在学校拼命地看书,而且回到家里也常常钻进父亲的书房,一读就是几个小时。

来到这所贵族学校深造的学生中,有不少人抱着获得功名的幻想,希冀仕途坦荡。而普希金对当官看得很淡,对于他来说,诗歌才是生命的意义。他认为,一个人能安于淡泊就很幸福。他常常把自己关在书房里,仿佛忘却了整个世界。他时而兴奋,时而忧郁地同古人对话。给他乐趣的是一些歌唱爱情的歌手和诙谐幽默的散文家。

他叹服荷马史诗的气势磅礴,为莫里哀的幽默机智所倾倒;卢梭的缠绵情愫打动了他那颗多情的心,而拉·封丹、克雷洛夫的寓言又给了少年诗人以智慧和启迪。普希金虽然喜欢名著,但不盲目崇拜权威。他具有哲学的思辨能力,被同学们称为"逍遥派哲学家"。

少年普希金在许多方面表现出他是一个出类拔萃的人。课余时间,他写诗,写喜剧,写戏剧评论。

1815年,在俄国京城圣彼得堡郊外的皇村中学校园里张灯结彩,喜气洋洋。学生和教师们都身着节日盛装,聚集在通往礼堂的道路两侧,满怀欣喜地等待着来自京城的贵宾。不一会儿,随着阵阵欢快的马车铃声。一辆辆造型考究的三驾马车徐徐驶进了这所培养贵族的学校。陆续下车的有教育大臣、陆军元帅、俄国东正教大主教、文坛精英和京城贵妇。金光灿灿的勋章和流苏熠熠生辉,浓郁的法兰西香水芬芳扑鼻,真是宝马雕车香满园! 圣诞节和复斋节刚刚度过,今晚又要庆祝什么节日? 为何如此众多的名流荟萃学堂?

原来,这里将要举行皇村中学建校三年来首次公开的升级考试。它是对该校教学工作的一次隆重的检阅。皇村中学也将借此良机向俄国社会展示它的办学成就。面对这样重大的考试,学生中有的轻松自如,有的紧张拘谨。但不管怎样,他们都竭力想留给考官们一个好的印象。贵宾席中坐着一位年纪很大的人,如雪的双鬓透出他的阅历,沉稳的神情显出他的资深,他就是饮誉文坛的大诗人杰尔查文。他亲临这次考试,不光是为了检验学校的文学教学,似乎心中还带着某种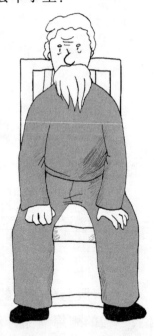期盼。他曾驰骋文坛名震学界,如今已年至耄耋,他多么希望能有杰出的后生接过他那支为俄罗斯而写作的笔。

考试开始了,背书本式的答辩几乎让老人昏昏欲睡,然而,当杰尔查文听到一个熟悉的名字时,他立刻兴奋起来。有人对他说起过这个与众不同的孩子,老人的双目因此而闪烁出期待的眼光。这时,只见一个身穿黑色燕尾服、脚蹬高筒靴的英俊少年站在富丽的大厅中央。他个子不高,头发卷曲,黑黝的脸上一双明亮的眼睛炯炯有神。他面对考官,神情自若,深情而激昂地朗诵起自己创作的诗篇《皇村的回忆》,他用诗歌把人们带入了如梦的幻境:

沉郁的夜的帷幕,

悬挂在轻睡的天穹;

山谷和丛林安息在无言的静穆里,

远远的树丛堕入雾中。

隐隐听到溪水,潺潺地流进了林荫;

轻轻呼吸的,是叶子上沉睡的微风;

而幽寂的月亮,像是庄严的天鹅,

在银白的云朵间游泳。

人们随着少年诗人的思绪进入一处美妙的境界:

瀑布像一串玻璃的珠帘

从嶙峋的山岩间流下,

在平静的湖中,仙女懒懒地泼溅着

那微微起伏的浪花;

在远处,一排雄伟的宫殿静静地

倚在一列圆拱,直伸到白云上。

这就是少年诗人心中的"北国的安乐乡"——景色绮丽的皇村花园。

然而,这里不仅有盛世的繁华,

也经受了俄法战争的洗礼。

战栗吧,异国的铁骑!

俄罗斯的子孙开始行进；

无论老少，他们都起来向暴乱袭击

复仇的火点燃了他们的心。

战栗吧，暴君！你的末日已经近了

你将会看见：每一个士兵都是英雄；

他们不是取得胜利，就是战死沙场

为了俄罗斯，为了庙堂的神圣。

诗中饱满而昂扬的爱国主义激情感染着、震撼着在场的每一位听众，特别是那些不久以前亲身经历过抗击拿破仑侵略的卫国战争的人们。少年的颂诗在庄严的声调中结束。片刻的宁静之后，大厅里骤然响起了热烈的掌声与喝彩声。

老诗人杰尔查文情不自禁地站了起来，他好久没有听到这样气势恢弘的诗篇了。那崇高的主题，那严谨的结构，那流畅的诗句，那史诗的风格竟出自于一个年仅15岁的少年之手，他感到接班人就在眼前。此时，老人恨不得立刻把少年诗人拥入怀中。

从此，小诗人的卓绝才华得到了俄罗斯文学界的普遍推崇。文坛的巨子如巴丘什科夫、茹科夫斯基还同小诗人结为忘年之交。热情的天性和雄辩的口才使普希金在同学们当中享有较高的威望。他很乐意给小伙伴们讲文学故事、朗读诗歌、杜撰笑话，同他们一起去郊游踏青，一块去欣赏歌舞戏剧。

就是在这个如诗如画的北国花园里，少年诗人第一次感受了爱情的温馨。他的爱情诗篇起初就是从这里诞生的。在这爱情和缪斯的王国里，一位天才的诗人正在成熟。

普希金入学的第二年，即 1812 年，俄罗斯古老而年轻的大地经历了一场血与火的洗礼。由于拿破仑帝国的入侵，俄国人民掀起了保卫家园的英勇斗争，这便是俄国历史上的第一次卫国战争。俄罗斯军民在卓越的统帅库图佐夫元帅的领导下，浴血奋战，终于打败了不可一世的拿破仑的侵略军。

这场战争唤起了俄国民族意识和民主精神的觉醒，并首先在贵族进步军官中萌动。被列宁称为俄国革命的贵族革命时期由此开始。

法国 18 世纪末大革命的进步思潮也开始在俄罗斯古老的土地上传播。进步的贵族青年越来越深刻地意识到，俄国的专制农奴制度是阻碍国家经济文化发展的障碍。他们试图掀起一场社会革命。

少年普希金通过与青年军官们的交往也了解了西欧民主思想和反沙皇专制的政治主张。

从此，天性酷爱自由的诗人很快就成为进步人士的知心朋友。

反农奴制和追求自由的思想在普希金的心中深深地扎下了根，他在政治上也逐渐成熟起来。这一时期他写下了一些反对专制、颂扬自由的诗篇。

◉ 文学创作

1817 年，普希金以优异的成绩毕业并被分到俄国外交部工作。毫不热衷于仕途的诗人在京城继续过着悠闲自在的生活。

除了看剧、跳舞和宴饮之外,他把时间都投入到创作和结交朋友上。作家卡拉姆津、茹科夫斯基、维雅泽娜斯基等都是他的良师益友。

当时,彼得堡有一个著名的文学社团叫"绿灯社",其成员都是文学界的一些名流。

普希金是这个进步文学社团的核心人物。他经常在这里朗读自己的新诗,与文艺界的朋友们谈论俄国戏剧的发展状况,探讨社会政治问题。他的创作才华和精辟的见解常常使朋友们深为折服。普希金也决心在京城文坛上干一番惊天动地的文学事业。

果然,到京城才3年,即1820年,他的一部风格清新的力作就轰动了俄国文坛。这就是诗体童话《鲁斯兰与柳德米拉》。

这部童话长诗的问世,扫除了古典主义的刻板和感伤主义的忧郁。它揭开了俄罗斯文学清新明朗的一页。感伤主义大师茹科夫斯基向这位敢于创新的诗坛新星表示了真诚的祝贺和钦佩。

随着思想上的成熟,普希金不仅关心俄国文学的进步,也开始关心祖国的命运。

时代和社会的风浪也时常在他的诗作中掀起层层波澜。普希金的政治抒情诗像寒冬里的一团火温暖了苦难中的民众,又像嘹亮的冲锋号鼓舞着为自由而战的仁人志士。政府的书籍检查官们害怕诗人的自由声音,沙皇政府还决定把诗人发配到遥远荒凉的西伯利亚去。

只是由于文坛巨匠茹科夫斯基和卡拉姆津以及诗人母校的说情,普希金才得以免除劳役之苦,但却被流放到远离彼得堡的南俄地区。

　　在流放途中，普希金染上了疟疾，幸好得到友人拉耶夫斯基将军一家的热情相助，他才从病魔手中解脱出来。

　　将军父子还把诗人带到了高加索矿泉区疗养。山区的清新美丽，民风的淳朴可爱，加上友人的温情，使普希金从精神到身体都得到了良好的恢复。

　　离开高加索后，诗人又跟随拉耶夫斯基一家来到了黑海之滨的尤尔卓夫。逗留海边的日子里，自由奔放的大海成了诗人的知音。白天他在蓝色的波涛中畅游，夜晚坐在岸礁上听浪。

　　普希金认识大海的同时，也第一次接触到被他称为"思想上另一位君王"的拜伦的诗篇。英国大诗人拜伦是19世纪欧洲浪漫主义文学最著名的代表之一，他的叛逆性格、自由的灵魂、狂放而忧郁的诗风在普希金的心中产生了共鸣。

　　此后诗人创作的一组传奇长诗都深深地烙下拜伦的印记。

　　南俄流放时期，普希金以当地的生活为素材，写下了传奇叙事长诗《高加索的俘虏》、《巴赫奇萨拉伊的喷泉》、《强盗兄弟》，草拟了《茨冈人》，并开始创作俄国文学史上第一部诗体小说《叶甫盖尼·奥涅金》,同时还创作了大量的抒情诗歌,如《匕首》、《拿破仑》、《陆地和海洋》、《翻腾的浪花》、《征兆》、《我是荒原上自由的播种者》等。它们是诗人漂泊异乡的心灵日记。普希金在南方的桀骜不驯的表现再度引起了沙皇的不安。于是,诗人又被押解到他父母的领地——普斯科夫省的米哈伊洛夫斯克村。

1824 年的仲夏,普希金来到了新的流放地。这是一处僻静的小村落,它掩映在桦树和枞树林里,一条小河蜿蜒流过,平静的湖面上游动着一群群白鹅。沙皇之所以把诗人幽禁在他父母的领地上,是企图让他的父母来"感化"他。普希金终于同家人久别重逢。他又一次钻进了图书丛中。西欧文学丰富的营养滋润着普希金的创作,著名的抒情诗《致大海》、历史悲剧《鲍里斯·戈都诺夫》、叙事诗《鲁林伯爵》、诗体小学《叶甫盖尼·奥涅金》的第三章以及抒情小诗《酒神颂歌》、《冬天的黄昏》、《先知》都是在这一时期完成的。

普希金在米哈伊洛夫斯克村生活时,一位美丽的女性给他寂寥的日子增添了几分浪漫的色彩。一次,在友人奥西波娃的家中他遇到了他心中圣洁的偶像安娜彼得罗夫娜·凯恩夫人。多年以前,他们曾在彼得堡艺术协会主席奥列宁家中见过面。

那时,诗人就对凯恩一见钟情。但凯恩当时已是彼得堡某位将军的夫人,诗人只能将他的深情埋藏于心底。

1825 年,凯恩来到了米哈伊洛夫斯邻近的三山村,诗人后来才知道,她婚后的生活并不幸福。

现在,她同仍然孤身一人的普希金有了感情上的共鸣。

在三山村的日子里,他们常到林中散步,在月光下谈心。

爱情的激流又重新在诗人的心中涌动,他再也抑制不住内心的情感,用白色的羽毛笔写就了那首广为人知的爱情绝唱《我记得那美妙的瞬间》。

一个月色皎洁的夜晚,普希金为即将远行的凯恩夫人送行,临别时他把这首诗夹在润色完毕的《叶甫盖尼·奥涅金》的第二章中送给她留作纪念。

京城的同学和朋友也时刻惦念着软禁在遥远乡村的普希金。

但不少人因怕受牵连而不敢前往他的住地。

这样,诗人有近 5 年的时间没有与他们会面了,他常在诗歌里抒发对朋友的思念之情。

1825 年冬天的一个清晨,阵阵清脆的马铃声打破了普希金寂静的庄园，诗人寻声望去，一张熟悉而亲切的面孔出现在他的眼帘。

原来，是他皇村中学的同学，也是亲密的朋友普欣冒着危险探望他来了。

普希金惊喜万分，一时间竟难以相信这是真的，普欣为他带来了俄国著名剧作家格里鲍耶陀夫的剧本《聪明误》，诗人也兴致勃勃地给老友朗诵了他的新作。

普欣这一次亲眼目睹了普希金是在何其艰难的环境中从事创作，从而更加钦佩这位杰出诗人的勇气和毅力。

挚友的真情也深深地抚慰了诗人孤寂的灵魂。

1825 年，爆发了俄国历史上有名的"十二月党人起义"。这场起义失败后，5 名起义领袖被绞死，100 多名"十二月党人"被流放到西伯利亚。被流放者中就包括诗人的挚友普欣。

这次革命给普希金以极大的鼓舞，尽管起义没有成功，但诗人终于看到革命的呼声化为了革命的行动。他虽然没有参加起义，但他无疑是一个精神上的"十二月党人"。

在对起义者的抄家过程中，沙皇的鹰犬还是找到了普希金鼓动革命的诗篇。

为了加强对诗人的控制，尼古拉一世决定直接看管诗人并企图以虚假的"仁慈"收买他。

1826 年，普希金回到了京城彼得堡。

1828 年，普希金通过他弟弟和友人的关系也来到了驻扎在高加索的野战部队。

普希金骑着战马跟在炮兵后面行进。山区道路的险恶和雪崩的危险不但没有使他望而却步，反而让他备感兴奋。更让诗人高兴的是在部队里又与拉耶夫斯基将军父子重逢了。

渡过了涛涛的阿尔帕河后，普希金便来到了真正的前线。

普希金非常珍视这次可贵的战斗经历，后来把高加索的马鞭挂在了自己的书房里留作永恒的纪念。山区的民风野味又一次陶醉了多情的诗人。

而诗人回报给将士和大山的是充满边塞豪气的一系列诗篇，它们是《高加索》、《雪崩》、《集合号在响》、《山谷》、《格鲁吉亚》、《卡兹别克山上的寺院》、《顿河》和《埃尔祖鲁姆旅行记》。

普希金虽然是京城贵族出身，但他更是大自然的儿子。他喜欢在大自然的怀抱里歌唱，在乡野间倾吐他的爱心，在林里花丛中抒发他的激情。

1830 年枫红似火的金秋，居住在波罗金诺庄园的诗人又迎来了一个收获的季节。他写完了《叶甫盖尼·奥涅金》的最后两章。写出了《别尔金小说集》，四部小悲剧《吝啬的骑士》、《莫扎特和萨列里》、《瘟疫流行时的宴会》和《石客》、叙事诗《科洛姆纳的小屋》及许多小诗。在这个金秋，他的作品之多、速度之快都是空前的。普希金独爱金秋，而秋色也仿佛格外钟情于他。被文学史家称为"波罗金诺金秋"的主要成就在于诗人的小说和戏剧。

当然这些作品也饱含着诗人一贯的抒情色彩。

1830 年至 1839 年间普希金又以极大的热情创作了一批优美的童话诗。它们是《神甫和他的长工巴尔达的故事》、《关于沙皇萨尔坦》，《他的儿子光荣而威武的勇士格维顿·萨尔坦诺维奇公爵及美丽的天鹅公主的故事》、《渔夫和金鱼的故事》、《死公主和七勇士的故事》以及《金鸡的故事》，这些作品为世界儿童文学增添了光辉的篇章。诗人的多才多艺还表现在他对历史题材的驾驭上。普希金虽然是一个诗人，但他对俄国历史的研究和考证不亚于当时任何一个历史学家。更难能可贵的是他充分肯定了人民在推动历史发展中的巨大作用，同情人民大众的命运，公正客观地评价农民起义的领袖和俄国统治者。

正因为如此，他创作的史诗《波尔塔瓦》、《青铜骑士》和历史悲剧《鲍里斯·戈都诺夫》以及历史小说《上尉的女儿》，成为俄国历史题材文学作品的范本。从 1815 年登上文坛到 30 年代中期的短短 20 年间，普希金在文学创作的各个领域都独领风骚，他的创作赢得了俄国人民的普遍热爱。

少年儿童喜欢他的童话故事，青年人迷恋他的抒情诗和浪漫传奇，阅历深厚的读者更折服于他的社会历史题材作品。普希金所拥有的读者是他的先辈和同辈作家所望尘莫及的。他的诗歌已成为俄国读者的精神食粮。

◉ 瑰丽奇异的童话世界

童话是孩子们心灵的乐园。从童话故事启蒙的普希金用他那多姿多彩的笔为全世界的少年儿童描绘出了许多迷人的童话王国，给他们带来了欢乐，成为他们的知心朋友。

普希金很幸运，他童年时身边有三个爱给他讲故事的人，一个是他的外祖母，另一个是他的奶妈，还有一个是青年长工尼基塔，从他们那里小普希金知道了许许多多有趣的童话和寓言。

直到普希金成为青年，奶妈还常常用童话和故事抚慰他的心灵伤痛。每当他神情忧郁时，他总是请奶妈给他说故事，也仍旧像孩子那样听得入迷。普希金还经常到老百姓当中去收集民间故事，知识广博的诗人从德国作家格林、法国寓言家拉·封丹和本国寓言大师克雷洛夫的创作中受到启发。

所有这些都为普希金创作自己的童话奠定了坚实的基础。

世界文学史上童话的创作数量极多，堪称佳品的也为数不少，然而像普希金那样用诗歌的形式来创作童话的却极为罕见。

诗人根据儿童的欣赏习惯和心理特点，将童话、童谣和抒情诗三者有机地结合起来，创造了"童话诗"这一新颖的文学体裁，并且成功地写出大量的作品，成为世界儿童文学史上的一大奇观。

普希金一生共创作了一部童话长诗、两个中篇及三个短篇童话诗。

这些作品中有的歌颂勇敢的精神和坚定的斗志（《鲁斯兰与柳德米拉》）、有的表现人民的勤劳和机智（《神甫和他的长工巴尔达的故事》）、有的颂扬纯洁的友谊和忠贞的爱情（《死公主和七勇士的故事》）、有的惩恶扬善（《沙皇萨尔坦的故事》）、还有的抨击贪得无厌和背信弃义（《渔夫和金鱼的故事》）。

普希金的童话作品中场面最宏大、情节最曲折和景象最奇幻的首推童话长诗《鲁斯兰与柳德米拉》。

1817年当诗人还是皇村中学的学生时,受前辈诗人茹科夫斯基的《十二个睡美人》的启发,开始创作大型诗歌作品——一部具有俄罗斯特色的童话诗。在作品中童话世界与俄罗斯的古代史奇妙地融合在一起。

故事从12世纪的基辅罗斯(俄罗斯帝国的前身)的王宫盛宴讲起。

基辅大公弗拉基米尔为他的女儿柳德米拉的婚礼大宴宾客。新郎是勇敢的骑士鲁斯兰公爵,这对幸福的年轻人正沉浸在无与伦比的欢乐之中。

席间,著名的歌手鲍扬弹着古丝理琴为客人们纵情歌唱,还把美丽的花冠给新郎新娘戴在头上,宾主频频举杯,齐声为新人祝福。

有趣的是,鲁斯兰的三个情敌也夹杂在宾朋之中,他们分别是剽悍的剑客罗格达伊、骄傲自负的懦夫法尔拉夫和年轻的可萨汗王拉特米尔。

这三位都是美丽的公主的迷恋者。如今眼睁睁地看着心中的偶像成为鲁斯兰的妻子,他们个个闷闷不乐,满腹妒意。

婚宴结束了。正当新郎新娘步入洞房时,意料不到的灾难突然降临:天穹雷声大作,夜空电光闪亮;大地在妖雾里震颤,红烛在混乱中熄灭。

黑暗中,一个身影从鲁斯兰身边一闪,劫走了他心爱的姑娘。

弗拉基米尔大公得知这一可怕的消息,怒斥鲁斯兰懦弱无能,同时诏示天下:谁能找回他的掌上明珠,就让谁做未来的女婿,另外还要赏赐半壁江山作为陪嫁。重赏之下,必有勇夫,更何况柳德米拉还拥有那么多的崇拜者。

鲁斯兰第一个报名,他决心不惜一切代价找回自己的心上人并以此洗刷所蒙受的耻辱。不用说,柳德米拉的另三位崇拜者也紧紧抓住了这个天赐良机。

四个骑士出发了,他们的使命虽然相同,但各自的心态却大不一样。

傲气十足的法尔拉夫想用宝剑显显本领;拉特米尔急不可耐地做起了美梦,恨不得公主立刻成为他的人;罗格达伊心情矛盾,既想立功受赏,却担心前途险恶。只有鲁斯兰强忍悲痛,策马扬鞭,机警地搜索着目标。骑士们在第聂伯河畔的岔路口分道扬镳了。

鲁斯兰骑马奔驰在寂静的旷野上,荒凉的景象使他有些信心不足。

突然,他的面前出现了一个山洞,里面有个白胡子老人正端坐在石上诵经,鲁斯兰下马走进去向老人打探公主的踪迹。

这位老人是一位善良的仙人,他同情鲁斯兰的不幸遭遇,便告诉他说,是北方的黑海魔王抢走了柳德米拉,在仙人的鼓励下,鲁斯兰信心倍增。

告别仙人后,勇士急速向北方奔去。

没走多远又却遭到充满妒意的罗格达伊的突然袭击。两个勇士杀得天昏地暗,罗格达伊的长矛被砍断,鲁斯兰的宝剑也断成几截。

几个回合后,罗格达伊败下阵来,鲁斯兰一气之下,将这个卑劣的小人扔进了第聂伯河的狂涛之中。罗格达伊被河底的水妖收走变成了幽灵。

就在鲁斯兰同罗格达伊激战的时候,柳德米拉却被幽禁在魔王的城堡里。这里的花园倒是十分迷人。

园中春风和煦、鸟语花香,镶嵌着雕像的喷泉在喷涌,清凉的溪水在林中缓缓流淌,小路的两旁五颜六色的奇花异草散发着阵阵馨香。

但被愁云笼罩的公主全然无心欣赏这美丽的景色。她心中思念着亲人,不为魔王的诱惑所动,并且机智地同它作斗争。

一天夜里,魔王潜入公主的房中,柳德米拉这才看清,魔王原来是个驼背的长着大胡子的小矮人。面对恶魔,公主毫不惧怕。

在搏斗中,她一把夺过魔王的法帽并挥起愤怒的拳头,用喊声吓跑魔王。无意间,柳德米拉发现了法帽的奇妙的功能:

原来,魔王的这顶法帽是个"隐身帽",她摘下帽子自己又立刻在镜中出现。柳德米拉高兴极了,她找到了脱离危险的法宝。

却说鲁斯兰战胜罗格达伊之后,又闯入了一个古代战场的遗址。这里骷髅遍地,阴森可怕,四处散落着兵器和铠甲。

这一次恐怖的景象不但没有吓倒鲁斯兰,反而激发起战胜困难的勇气。

他同罗格达伊决斗时折断了长剑,眼下正需要新的武器,于是他从这古战场的遗址中挑出一支钢矛又踏上了征程。

走到晚霞映红天际时,鲁斯兰又碰上了一个大怪物。透过暮色,勇士忽然发现前边有一座正在呼吸的高大山岗,他走到那里并借助月光细细一看,呀,原来是个活生生的巨大的人头。

鲁斯兰有意用长矛捅了一下他的鼻子,于是巨头睁开双眼,打了一个巨大的喷嚏,霎时间,草原刮起了一阵狂风,它发现了勇士并厉声喝斥他退回去。鲁斯兰虽然多次被巨头吹的狂风刮得老远,但并不灰心,几经搏斗,终于取得胜利。他从巨头那里缴获了一把神剑并了解到黑海魔王的致命弱点。

之后,鲁斯兰又向北方奔去。

再说那爱做美梦的拉特米尔,也在荒野上走了许久,正当他颇感寂寞的时候,忽然听到了少女动人的歌声。

在拉特米尔的眼前出现了一座城堡,那上面唱歌的姑娘把他领进城里,华丽的宫中美女如云,佳肴飘香。

这位骑士没有鲁斯兰那样的毅力,经不住这舒适环境的诱惑。

在这梦幻般的仙境里他早把自己的誓言和使命抛到了九霄云外,从此,开始了他幸福的隐士生活。

在黑海魔王的城堡中,狡猾的魔王设计再次抓住公主,恰恰在这危急的关头,鲁斯兰及时杀进了城堡,勇士与魔王的搏斗立刻在天空和陆地上展开。

鲁斯兰手持神剑,魔王挥舞巨锤,你砍我砸,杀得难分难解,勇士早已知道,魔王的长胡子既是他施展魔法的武器,也是他的致命处。

在厮打中,鲁斯兰终于有机会抓住了魔王的胡子并用宝剑把它斩断,这个恶魔因此失去魔力而束手就擒。

接着,鲁斯兰找到了昏迷不醒的柳德米拉,他不知怎样才能唤醒公主。

这时,那个给勇士指点迷津的仙人又出现了,他告诉鲁斯兰,要尽快把公主带回阳光灿烂的基辅,只有忠贞的爱情才能唤醒她。

归途中,心怀不轨的法尔拉夫乘鲁斯兰不备将其刺死,夺走公主抢先回到了基辅,在弗拉基米尔大公面前,法尔拉夫谎报战功,企图骗取大公的信任。

然而,大公最关心的还是如何让心爱的女儿苏醒过来。

笼罩基辅的愁云尚未散去,新的风暴又突然袭来,贝琴涅戈人的军队包围了基辅。

只见远处火光闪闪,黑烟弥漫,敌人的兵士铺天盖地一般压了过来,城外的平原上,守军与入侵者展开了殊死的搏杀。

战场已是血海一片,敌军仍在步步逼进,城内的百姓忧心如焚。

就在这千钧一发之际,被仙人用神水救活的鲁斯兰及时赶回了故乡,他像霹雳一样闯入敌营,势不可当。

在鲁斯兰威力的鼓舞下,俄罗斯士兵士气大振,乘胜追击,奋勇杀敌,基辅很快解围。战斗刚一结束,鲁斯兰就马不停蹄地来到柳德米拉的身边,他借助一枚神奇的戒指,使沉睡不醒的未婚妻得以复苏,有情人终成眷属。

这篇童话在歌颂忠贞与勇敢的同时,也嘲笑嫉妒,抨击卑劣。

他写得热情奔放,绚丽多彩,一扫古典主义的陈规戒律和感伤主义的神秘氛围,《鲁斯兰与柳德米拉》是一曲青春的颂歌,是一首勇士的赞歌,也是一篇爱情的赞美诗。

如果说,《鲁斯兰与柳德米拉》是对俄罗斯勇士的讴歌,那么童话诗《沙皇萨尔坦》则是对俄罗斯式的理想国的赞颂。

童话写于1831年,那时,普希金正值新婚宴尔,喜悦之情也洋溢在他的创作之中。

故事从沙皇萨尔坦挑选皇后开始,沙皇娶了一个贫家姑娘做皇后。

这个姑娘美丽贤淑,她最大的心愿就是给皇上生一个勇士。

姑娘的两个姐姐也跟着妹妹进了皇官,一个做织工,另一

个当厨娘。她俩心眼儿狭小,对妹妹非常嫉妒。

沙皇新婚不久就统兵远征。

当皇后生下小王子时,沙皇仍在边关作战。皇后的两个姐姐却暗中捣鬼,她们扣下给沙皇报喜的信使,并诬陷皇后,又假传圣旨,皇后母子俩被装进木桶抛进了大海。

神奇般长大的小王子取名叫格维顿,他请求海浪拯救他们母子,海浪听从了他的话,把他们送上了小岛。格维顿用神力打穿木桶,母子俩钻了出来。

王子在海边寻找食物时搭救了被凶鹰追逐的天鹅,格维顿的这一义举很快得到了天鹅的回报,在他的眼前出现了一个美丽城堡。

从此,格维顿王子开始统治这座城堡,他仁慈宽厚,待人热情。

凡是经过这个岛国的商人都被他请到皇宫里,加以盛情款待。格维顿虽然没有见过他的父亲沙皇萨尔坦,却时刻想念着他。

他得知,商人们要去萨尔坦王国,就请他们向父亲带去问候。

在天鹅的帮助下,王子变成了蚊子附在商船上来到了萨尔坦王国,他又跟着商人们飞进了皇宫。商人们向萨尔坦沙皇讲述了他们在海上的奇遇。

沙皇听后很想去那岛国探访,可是织工和厨娘却想方设法阻拦。

她们编造了枞树中松鼠啃金榛子的幻景来贬低格维顿公爵的城堡，沙皇因此未能成行。

格维顿这次又只好求助于天鹅，于是，王子姨妈们编造的奇迹果真出现了。

商人们又来到沙皇身边禀告了他们所见到的那个奇迹，沙皇再次提出要去访问那座奇怪的岛屿。不料，织工又编造出"33 个穿火光甲胄的俊勇士"的神话来贬低商人们讲述的奇迹。

父皇没有来，格维顿又把他的烦恼告诉了天鹅，希望能得到她的帮助，天鹅安慰王子说：那些勇士都是她的亲兄弟，他们会到这里来的。

果然，没过多久，王子在高高的塔上远远地看到了这样的奇迹。

周围突然波浪滔天，海水在喧啸奔腾中飞溅，海岸上就留下 33 个勇士，全身甲胄，火焰似的闪耀，勇士们一对对地走来，白发苍苍的大叔带头走在前面，领着他们走进城堡。

王子高兴地迎接了他们。大叔告诉他，是天鹅派他们来保卫城堡。

奇迹又被远航的商人们看见，他们向沙皇禀报后，沙皇又一次打算前往格维顿的城堡探访。

织工和厨娘又拦阻了沙皇。格维顿没能盼来父皇，心情非常忧郁。随着年龄的增长，另一种苦恼又袭上心头。

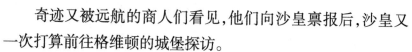

一天,他在蓝色的海边徘徊,又看到了他救过的那只天鹅,天鹅问格维顿为何悲伤。

他回答人家都已结婚,而他仍旧孤身一人,他说他要走遍天涯海角去寻找世上那最美丽的公主。

天鹅被他的真情打动,就从海浪中飞到岸边,摇身一变,于是,一个美丽的公主就站在了格维顿公爵的面前。

这正是格维顿要找的公主。

他俩幸福地结合了,天鹅变成美丽公主的奇迹又正好被过往的商人们看见。

他们把这一切连同格维顿的问候又转告了沙皇萨尔坦,这一次,沙皇再也按捺不住了,终于亲自率领船队前去访问那奇迹频出的美丽岛国。

在那里沙皇亲眼目睹了啃金榛子的小松鼠、33 个勇士、美丽的天鹅公主,也出乎意料地找回了自己的皇后和王子。

随同沙皇而来的厨娘和织工见势不妙也急忙悔过,沙皇因喜从天降而宽大地处理了她们。

这篇童话反映了普通民众的生活理想。作者借王子的经历表达人民祈求太平盛世、爱情美满、家庭和睦、子孙满堂这些最基本的愿望。

用神奇的内容表现俄罗斯人民的生活是普希金童话创造的一贯宗旨,《死公主和七勇士的故事》在这一创作方向上更进了一步。

　　这篇童话的基础是格林的《白雪公主》,普希金在继承的同时又加以创新,使这一故事更加充实动人。

　　故事说的是一个善良美丽的公主的遭遇。

　　在一个古老的王国里,皇后生下了一个公主后因喜悦过度而去世。

　　新皇后进宫后根本不尽做继母的职责,她只关心自己的美貌。

　　她有一面会说话的小镜子,从与镜子的对话中,新皇后得知她是世上最美的女人,心中非常得意。

　　公主渐渐长大,出落成一个美丽的姑娘。

　　王子叶里赛依爱上了她并决定娶她作新娘。就在公主出嫁之前,小镜子告诉新皇后说公主才是世上最美丽最可爱的人,新皇后听罢暴跳如雷,下令让仆人将公主扔进森林中让狼吃掉。

　　好心的仆人放走了公主。王子得到公主失踪的消息后,立即起程去找寻他的未婚妻。

　　公主在林中整整走了一夜,天亮时分,她意外地发现了一座高顶木屋。

　　公主大胆地走进去,替主人收拾房间,点燃了炉子,然后就在木床上睡着了,木屋的主人是七个善良的勇士,当他们惊奇的发现了这位公主后,就盛情地款待了她。从此,公主就成了这儿的主人,与七个勇士和睦地相处。

天长日久,勇士们都深深地爱上了她。

一天,最年长的勇士代表兄弟们向公主表白了爱心,姑娘这样回答了他们:

"啊呀,纯洁的青年们,你们都是我亲爱的兄长,我要是撒谎,那就听凭上帝叫我死亡。我怎么办呢?要知道我是已订婚的姑娘。对我来说,你们都是一样,都很勇敢,都很聪明,我真心地爱你们每个人,可是我已经把终身许给了别人。我对王子叶里赛依,爱得最深。"

七勇士非常理解公主的心,此后,他们仍像对待亲妹妹一样对待这位公主,仍旧和睦地在一起生活着。

普希金热爱大海,纵观他的童话诗,其中有许多情节都同大海结下了不解之缘。

1833 年写成的《渔夫和金鱼的故事》则完全以大海为背景,甚至把它作为童话的一个重要角色。

这篇童话说,在湛蓝的大海边,住着一户贫穷的渔人。

老渔夫勤劳而善良。不管刮风下雨,他都出海打鱼,以微薄的收入养家糊口,他的老伴却是一个凶悍贪婪的妇人,不爱劳动,还对老渔夫以无礼相待。

一天,老渔夫照例出海打鱼,意外地捕获了一条金光闪闪的小鱼儿,不等老人将它装进渔篓,它竟张口像人一样说起话来。它求老渔夫放它回海,日后一定会好好地报答他。

善良的老人照它的话办了,还为它祝福。老渔夫回家后兴冲冲地对老伴说他当天遇到的奇怪事情。

不料,老渔婆竟破口大骂丈夫是个大傻瓜,并催他返回海边去索要一只木盆。

老渔夫只好回到海边，他轻声地呼唤小金鱼，不一会儿，金鱼就出现了，它得知老渔夫的来意后，就安慰他说：别难过，上帝会给你一只新木盆的。

老渔夫回到家中一看，老太婆果然如愿已偿。他想，老伴得到这只又大又结实的新木盆后定会心满意足了吧。

谁知，老太婆却骂得更凶了，她责备丈夫为何不向金鱼索要木房子。没办法，老渔夫又回到了海边。此时，大海已微微翻动起来。

他唤出金鱼，说明来意，金鱼又毫不犹豫地答应了他的要求。等他回家一看，他的破渔棚已经变成了窗明几净、宽敞漂亮的新木屋。

但是,老太婆还是不满意。她又连骂带催地让丈夫讨要更多的东西,她要当贵妇人。

老渔夫再次来到大海边,只见浩瀚的大海已经骚动起来。

这一次,金鱼又一次满足了老人的哀求,他的老伴真成了贵妇人,浑身上下珠光宝气,而且还鞭打伺候的奴仆。

半月后,贪财的老太婆又不舒心了,她不再满足于做贵妇人,而想当至高无上的女皇。老渔夫听了她的狂言,又惊又气,骂她疯狂,老太婆竟狠狠地打了丈夫一记耳光。

金鱼同情老渔夫,又满足了老太婆的欲望。

可是,欲壑难填的老太婆又提出当海上霸王的无理要求,并妄想让金鱼来伺候她。

这一次,老渔夫心情沉重地来到海边,他看见大海掀起了怒潮,海上刮起了风暴。

当金鱼了解到老太婆的野心后,它沉默了,接着尾巴摆一摆,便游进了海底深处,再也没有出来。

结果,老太婆又变成了原来的模样,住的依旧是那间破泥棚,用的依旧是那个破木盆。

从以上介绍的童话中,不难看出,普希金对孩子的启迪是较为全面的。

他教育儿童要勤劳、勇敢、与人为善、忠诚宽厚和礼貌谦逊,教育他们识别什么是贪婪、阴险和嫉妒,从生动的故事中儿童可以初识社会和自然。他的童话内容丰富,情趣盎然,音乐感强,易于诵读,是培养少年儿童的珍贵的精神食粮。

◉ 悲惨的婚姻

他常在诗中祝愿人们生活幸福,而他本人的经历却总是坎坎坷坷。

1830 年的早春 2 月,诗人与莫斯科的第一美人纳塔丽亚·尼古拉耶夫娜·冈察洛娃结为伉俪。他们俩是在两年前的一次舞会上相识的。

当时纳塔丽亚年仅 16 岁,她不仅风姿绰约,而且精于舞蹈艺术,还有她那一口流利的法语使人无不佩服。普希金完全为她的美所倾倒。

经过两年的努力追求,诗人终于如愿以偿。他们最初的家庭生活还是幸福而平静的,但随着蜜月的流逝,平静的生活开始出现波折。纳塔丽亚对丈夫视为生命的文学艺术事业毫无兴趣,她热衷的只是宴会和舞会。好虚荣、爱交际的纳塔丽亚闯入普希金的生活后,使并不宽裕的诗人在经济上更加拮据。

他微薄的俸禄难以满足妻子讲究排场、生活豪奢的需要。

本来,他可以靠稿费补贴亏空。但喧嚣的环境让他越来越难以安静地写作。更使诗人头痛不已的是纳塔丽亚的身边经常围着一群追求者,其中竟有沙皇尼古拉一世。

一时间,京城里有关普希金的流言飞语不胫而走,它们像恶魔一样地折磨着诗人的神经。

一些曾经受到诗人批评和嘲讽的达官贵人更加肆虐地羞辱着他。一封侮辱他人格的匿名信终于迫使诗人走上了决斗的悲剧道路。

1837 年 1 月 27 日,天空阴沉沉的,彼得堡郊外的树林里飞出了几只黑乌鸦,肃杀清冷的雪地上出现了两个手握左轮手枪的决斗者。普希金的胸中翻滚着复仇雪耻的怒潮。

然而,烦躁不安的诗人却没能提防丹特士的诡计,在普希金尚未到达决斗指定地点时,丹特士突然转身向诗人射出了罪恶的子弹,鲜血顿时染红了诗人脚下那皑皑的白雪。饮弹倒地后的普希金虽强忍剧痛回击丹特士,但由于伤势过重,没有击中对手的要害。他终于昏倒在雪地上。

经过两天两夜与死神的搏斗,诗人最终还是抛下了他心爱的诗歌、祖国和人民与世长辞,此时,他年仅 38 岁。

杰出的俄罗斯诗人亚历山大·普希金为自己建造了一座永恒的纪念碑。

这就是由他的良知、他的人道主义思想和他无与伦比的艺术才华所构成的丰碑。诗人以自己的辛劳与智慧实现了他的预言;他的声音将传遍整个俄罗斯。随着时光的推移,普希金的影响越来越大。

如今,不仅仅在诗人的祖国,而且世界上许多爱好文学的人们都在诵读着普希金的作品。他的诗文已经成为全人类文化宝库中的珍品。

第七章

文学天才巴尔扎克

◉ 在夹缝中成长

1799 年,也就是拿破仑即将登上法国政治舞台那一年的 5 月 20 日,奥瑙利·巴尔扎克诞生在多瓦河畔的都尔小城。

小巴尔扎克的祖上是世代以土地为本的农民,到了他的父亲的时代。赶上了法国大革命,这是个英雄辈出的时代。老巴尔扎克就是凭着匹夫之勇,闯荡江湖,杀出了一条出人头地之路,由一个低贱的农民直至跻身上流社会,一度还做过都尔市的第二副市长。

发迹以后,他毫不犹豫地在他平民的姓氏前加上了表示贵族门第的"德"字。

由村夫成为绅士,使巴尔扎克的父亲步入新贵族的行列,从而有可能娶了银行要员的女儿为妻。

与比她大31岁的丈夫性格志趣不同,巴尔扎克的母亲出身于富庶的布尔乔亚家庭,受过良好的教育,颇具艺术修养。她丰富的想象力和敏锐的感受力是她那无忧无虑、天性快乐的丈夫所不具备的。

作为长子,小巴尔扎克自幼就深切地感受到来自父亲的心满意足与来自母亲的多愁善感,生长在这对很不协调的父母夹缝之中,巴尔扎克承受着人生最初的挤压。

在小巴尔扎克出世不久,自私的父母就把他送到离都尔市附近的农村奶妈家中。

巴尔扎克的奶妈是老巴尔扎克手下一个士兵的妻子。奶妈体格健壮,心地也很善良,她待小巴尔扎克如同亲生。

夏天的夜晚,为了不让睡梦中的巴尔扎克被蚊虫叮咬,奶妈整夜地坐在他身边,用扇子为他驱赶蚊蝇;冬天的早晨,为了不让起床后的巴尔扎克着凉,奶妈天不亮就爬起来,把壁炉里的火烧旺,使屋子里暖暖的,如同春天。

到了小巴尔扎克会跑的年龄,奶妈领他到村外的山坡上、草地上,让他尽情地玩耍;后来小巴尔扎克能记事了,奶妈就给他讲优美的童话、民间故事,让他懂得善良与美好。

一个晴朗的上午,阳光像温暖的大手,轻抚着树木和草地。像往常一样,巴尔扎克拽着奶妈的衣襟,央求她和自己一起玩捉迷藏,于是,在房前的一片空地上,一大一小开始了游戏。

该轮到巴尔扎克藏了,"躲到哪儿才能不被发现呢?"他想,"门前的草垛后边?不行,那里已经躲过一回了。那辆旧马车底下？也不行，很容易被瞧见的。"

小巴尔扎克急得脑门有点冒汗了。"干脆，藏在大树后边吧。"想到这里，只见他三步并作两步，晃动着两条胖胖的小腿，急忙跑到树后蹲了下来。

奶妈很快便发现了躲在树后的小巴尔扎克，但她仍不动声色地找啊找……终于找到了，奶妈喊着小巴尔扎克的名字向大树走去。

可奇怪的是，小巴尔扎克这回并没有像平时那样，笑着跳着跑过来。奶妈很纳闷，悄悄地走过去，低头一瞧，哟！原来这孩子已经忘记了捉迷藏那回事儿，正蹲在树下聚精会神地观看蚂蚁运粮呢。

"妈妈，"巴尔扎克已经习惯了称奶妈为妈妈，"这些蚂蚁为什么走得这么快啊？它们不累吗？"看见奶妈走过来，小巴尔扎克瞪大了一双好奇的眼睛问。

"蚂蚁走得快，是想多寻找一些食物存在洞里，留着冬天吃，为了能活下去，不被饿死，再累它们也不怕。"奶妈俯下身，拍拍巴尔扎克的头，微笑着说。

"妈妈，你快看！这么多蚂蚁抬一条大肉虫，真好玩。"巴尔扎克像突然发现了珍宝似的朝奶妈大声地喊。

"蚂蚁的心很齐，当一只蚂蚁遇到困难时，其他的伙伴们就都会来帮忙。"奶妈说着便蹲在孩子身边，和巴尔扎克一起看蚂蚁运虫。

不知是紧张忙碌的蚂蚁群吸引住了巴尔扎克,还是他从奶妈的话语中悟出了点什么,这天真的孩子,竟然在大树下蹲了好长时间。

过了许久,忽然前边不远的草地上传来鸟的叫声,而且啁啾啁啾叫个不停。怎么回事?巴尔扎克的目光被吸引了过去,然后他飞快地跑上去,很快,用小手捧着一只小鸟又跑了回来。这只鸟真漂亮,翠绿的羽毛,红红的小尖嘴,叫起来声音脆亮好听,只是不知什么原因,翅膀受了伤,飞不起来了。

小巴尔扎克用双手轻轻地捧着小鸟,生怕碰疼了它的伤口。奶妈看得出,他很伤心。

小鸟被捧回了家,在奶妈的帮助下,巴尔扎克用布和线为小鸟包扎好了伤口。他又拿来米和水,给小鸟喂食。他很可怜小鸟,也很爱小鸟。

几天过去了。这一日,巴尔扎克正在与装在纸盒中的小鸟逗着玩儿,奶妈走过来。

"巴尔扎克,小鸟的伤已经好了,我们是不是该把它放飞啦?"

"不行,不行!"巴尔扎克把头摇得像拨浪鼓,"小鸟是我的好朋友,我不能让它离开我。"

看着小巴尔扎克那急切的样子。奶妈不禁又怜又爱。

确实巴尔扎克出生不久便被亲生母亲抛弃,如今他已将奶妈作为亲娘。想到这里,奶妈的眼睛有些酸涩,她摇了摇头走进屋里。

过了一会儿,奶妈看到给小鸟喂食的巴尔扎克撅着嘴回到屋里,就问:"你为什么不高兴呢?"

"小鸟不吃饭,它生我的气了。"说完,巴尔扎克的小嘴仍然撅得老高。

"是吗?"奶妈稍微思忖了一会儿,"走,我们一起去看看。"说着,拉起巴尔扎克的小手,一起来到小鸟跟前。

"孩子,你愿意和妈妈在一起,那么小鸟也不愿意离开妈妈,你看,它非常想念自己的妈妈,所以伤心地不肯吃饭了,对吗?"看到身边的小巴尔扎克没有吭声,奶妈又接着说,"我们把小鸟放飞,它就能找到妈妈,妈妈也能找到它,那它们该多高兴啊,对不对?"

望着小鸟那悲伤的样子,听着奶妈语重心长的话语,小巴尔扎克若有所思地点了点头。

第二天早晨,奶妈与小巴尔扎克醒得都挺早,踏着晨露,他们和小鸟一起又来到房前的那片草地上。

"飞吧,快飞吧,去找妈妈吧!"巴尔扎克将捧着小鸟的双手举过头顶,大声地喊着,稚嫩的童音在空旷的草地上响得很远。

小鸟在巴尔扎克的手心里扑扇了几下翅膀,终于飞走了。

奶妈忽然觉得这孩子长大了,懂事了……

一晃儿,小巴尔扎克5岁了。尽管5年间,父母从未来探望过他,关心过他,但乡间的粗茶淡饭,仍使他长得结结实实。乡间的阳光、草地,仍给了他真诚与温暖,在奶妈的抚养和教育下,这个从襁褓中就离开母亲的苦孩子健康地成长起来了。

在小巴尔扎克刚满 6 岁时,他不幸染上了天花。奶妈这次简直是不知如何是好,迫不得已奶妈只好把他生病的消息告诉了巴尔扎克夫人。

母亲来了,她来到了生病的亲生儿子身边,但没有一句慈爱的话语,没有一下温存的抚摸,她用眼角冷冷地望着巴尔扎克,就像是在看路边躺着的一只小狗。

片刻,她又环顾了一遍房间,当她看到奶妈为巴尔扎克买来的玩具

和零食堆放在枕边时,如同看到了什么不祥之兆,不禁勃然大怒地吼着:"拿走,赶快拿走! 这样会使他养成吃喝玩乐的坏毛病。"

于是,玩具、零食被拿走了。

在奶妈的再三挽留下,母亲勉强待到了巴尔扎克病好。

这天,奶妈与母亲坐在窗前闲聊,刚刚病好痊愈的巴尔扎克慢慢下床来,怯生生地走到母亲面前。

连日来,在奶妈的不断开导教育下,他认识了自己的亲生母亲,并有了一丝愿意与妈妈亲近的感觉。他双手抱着妈妈的膝盖,仰着脸,一双大眼睛可怜巴巴地望着自己的母亲,妈妈的脸色突然变了,她又一次怒吼起来:"奶妈,你看! 你看!这哪像个有教养人家的孩子,简直像个乡村小野猫。"

听着妈妈的责骂,巴尔扎克哭了,哭得那样伤心,像只受伤的羔羊。

妈妈就这样走了。直到小巴尔克 7 岁时,到了该上学的年龄,他母亲才派人捎过信来,说已经为巴尔扎克联系好了学校,让奶妈替他们把孩子送到学校。

可怜的小巴尔扎克没有机会回家,便直接来到了学校,像只传到二传手手上的排球一样,又被远远地推出去了。奶妈伤心地送走了巴尔扎克,小巴尔扎克开始了在欧瑞多学校的寄读生活。有生以来,巴尔扎克第一次自己睡觉,整整一个晚上,噩梦一个接着一个。

进校伊始,巴尔扎克便受到了校规的惩罚。开学的第一天早上,起床的哨声响了,巴尔扎克从床上爬起来,揉揉惺忪的睡眼,胡乱地卷起被子,便跟在其他同学后面,排着队去院子里洗脸梳头。

院里放着一块较平整的大石板,石板上面放着两个装满水的水桶。几十个孩子轮流把一双双小脏手伸进桶里,再捧起水在脸上抹拭着。

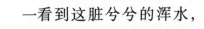

一看到这脏兮兮的浑水,巴尔扎克怎么也不肯伸手。他宁愿不洗脸,就径直走到旁边的桌子前。

那里有几个嬷嬷,专门负责给孩子们梳头,巴尔扎克没有洗脸,负责监视的老师发现了,走过来。生气地在他头上狠狠地敲了一竹棍。他只好再一次回到脏水桶前,捧起比脸还要脏的洗脸水。

上课了,80 个学生挤坐在一间狭窄阴暗的教室里。教室里同样弥漫着难闻的气味。

老师永远呈一种姿势站在讲台上,唱经般的絮叨着浅而又浅的知识。巴尔扎克习惯了乡村的新鲜空气,习惯了大自然中的自由自在。一下子,像只关在笼子里的小鸟,他实在受不了。

再说,他又是个极有灵性的孩子,老师一天教的课,他不到一节课就全懂了。

因此,上课时,他总禁不住左手托腮,胳膊肘支在桌子上,望着天井外面的绿树和云彩发呆。

"巴尔扎克,你在想什么!"突然,老师一声尖厉的叫喊,把巴尔扎克吓了个哆嗦。

"站到中间来!"老师接着又尖厉地发布命令。

狭窄的教室中央故意留下一平方米左右的地方。这是专门用来体罚违反纪律的学生的。

巴尔扎克乖乖地站起身,在众目睽睽之下,惊慌失措地走到教室中央,按照老师的旨意跪下来。

这时,只见老师从讲桌的抽屉里麻利地拉出一条早已预备好的约有两指宽的皮带,大步跨过来。

他一反讲课时有气无力的神态,一下狠似一下地用皮带抽打着巴尔扎克的脊背。巴尔扎克没有哭喊,也没有流泪,只是咬紧牙关,默默地忍受着,他暗下决心,无论怎样都不能求饶。

他对自己说:"我已经长大了,长大了就要做一个像样的男子汉。"

在整个学校里,没有一个孩子比他挨打挨得更厉害的了。

他总是不断地受着惩罚,并时常被禁闭在专门关押学生的"小黑屋"里。

拉丁文课上，一个学生回答了老师提出的翻译题后，老师生气地说："不对!"这引起了学生们哄堂大笑。

老师对着这个学生进一步嘲弄斯塔尔夫人说："你这么会自作聪明，要是让咱们那位尊敬的斯塔尔夫人知道了，她会怎么说呢?"这位学生无言以对，老师却从教室的另一个角落里听到了一句声音很低的答语——"她会说你是头驴!"这胆敢冒犯老师的学生就是巴尔扎克，他十分崇拜当时浪漫主义文学的旗手斯塔尔夫人，容不得有人轻慢他心中的偶像。

但他毕竟得罪了老师，严重违反了校规，于是被当堂判以8天禁闭。

在一次每周例行的宗教仪式上，学生们照常都毕恭毕敬地排成一队，依次从祭坛前默默走过。

可这天巴尔扎克的举动却十分反常。

他走到主持仪式的神甫面前，双手高举，接过圣餐，但没有马上走开，而是瞪着一双百思不解的大眼睛望着神甫，蓦地提出了一个问题："……既然世界万物都是上帝创造的，那么天下为什么却会有那么多的罪恶呢?"顿时，所有在场的人都惊呆了。

神甫瞠目结舌，手足失措，一怒之下，宣布巴尔扎克有罪、至少须关两天禁闭去作忏悔。

6 年的"精神监狱"般的生活,给幼小的巴尔扎克的心灵上烙下了深深的印痕,他开始感受到了来自冷酷的社会和呆板的教育的压抑。

环境闭塞,授课方式严酷而机械,教师冷漠缺乏情感,学习内容也枯燥无味,使生性敏感不安分的巴尔扎克度日如年,时常以他微弱的力量进行着孩童式的反抗。

在旺多姆小学老师们的眼里,巴尔扎克无疑是个不可造就的学生。他的数学很糟,拉丁文也老是学不好;他既懈怠,又漫不经心——老师们都众口一词地这么评议他。其实他们都犯了大错。

巴尔扎克确实是小黑屋的常客,一旦老师下了命令,他便自觉地走向那里。蹲小黑屋需要带毯子,其他孩子去时,毯子里裹着家里送来的糖果。巴尔扎克当然没有这种消闲的食品,但他的毯子里也裹着东西,那就是书本。他把关禁闭看成了满足自己阅读兴趣的大好时机。

巴尔扎克把书籍当作真正属于自己的世界,把自己的所有精力都集中使用在阅读上面。一位给他补习数学的老师,是一家图书馆的管理员,在发现巴尔扎克对书籍的迷恋之情后,就向他表示,愿意把图书馆里所有他喜欢的书借出来,供他课余阅读。

有一天,巴尔扎克被这位年轻的老师叫到了办公室里。老师对巴尔扎克说:

"这是一本法国历史书,你拿去好好读一下,一周以后还给我。"

可三天才过去,巴尔扎克便把书还给了老师。老师感到非常惊讶,于是他考了一下巴尔扎克,巴尔扎克便把书中的内容都背了出来。这位年轻老师看到巴尔扎克这样勤奋好学,而且有非凡的记忆力,非常高兴,便又把一本文学书借给了巴尔扎克。后来巴尔扎克便常常到这位老师这里换书看,渐渐地他从书里懂得了许多道理。

这样巴尔扎克几乎读遍了图书馆的全部藏书。书籍成了他的救星,减轻了他内心的痛苦和屈辱。他说:"唯有读书才能维持我头脑的活力。要不是能够从图书馆里借到书来读,这种教育制度将完全摧毁掉我的生命。"

巴尔扎克在读书时,一目可看七八行,而且过目不忘。他的理解力和想象力跟记忆力一样惊人。他不仅能记住他所要记住的东西,而且能洞察到这些东西的形态和色彩等有关方面。

对自己在初读一本书时的感受和在这以后各个阶段的不同认识,他也能记得一清二楚。

到了 12 岁那年,他已能把书上读到过的所有东西,用他自己的方式串联排列成一个整体,从而摸到事物的某种规律性现象。

书籍使巴尔扎克经常陷入沉思之中,以致他的一些同学不能忍受他的这种变化。也就在他 12 岁的那年,他写了一篇《意志论》的文章,探讨了心理与肉体的关系这一哲学问题,提出了"意志先于思想"的观点。

几个平时不满他的沉默状态的同学,从他手里抢走了这篇论文,彼此就引起了争吵。神甫听到吵闹声后,走到他们中间,一把夺过巴尔扎克的文稿,随即交给了收购废纸的小贩。

巴尔扎克也有几个善于思考的同学,他跟他们经常偷偷讨论一些课本以外的问题,小黑屋正是他们秘密集会的好处所。为了防备学监的突然袭击,大家特意把胡桃壳撒在小黑屋附近的路面上。

这样,若是有人走来,他们就能及早察觉,一个个立即装出写作业的样子。这种违反纪律的活动始终没被校方发觉。

巴尔扎克的故乡都尔城,在 16 世纪出过一位伟大的作家,那就是欧洲文艺复兴时代法国的代表人物拉伯雷。巴尔扎克把拉伯雷看成自己的导师,以能够做伟人的同乡而无比自豪。

他兴致勃勃地读了拉伯雷的长篇小说《巨人传》,被作品中的一句名言"到知识的源泉中去畅饮"所深深打动,又从作品的另一句名言"做你所愿意做的事"中受到莫大鼓舞。

对于巴尔扎克来说,可真是如沐春风,如饮甘露。他恪守一辈子的人生信念,也是从这里开始的。

巴尔扎克最喜欢读的文学作品,还有伏尔泰、卢梭和狄德罗的小说,莫里哀的剧作和拉·封丹的寓言诗。在哲学书籍中,他最爱读笛卡儿的著作。笛卡儿曾说:"阅读好书,就好像跟历史上的仁人志士进行一种推心置腹的交谈。而且,在这种交谈中，他们只把心灵中最美的东西给予我们。"

巴尔扎克对这句格言感悟很深，他正是在书籍世界里，找到了家庭和学校生活中所没有的融融暖意。

尽管学校长期而频繁地对巴尔扎克进行精神上和身体上的摧残与折磨，但在旺多姆小学的六年中，最让巴尔扎克受折磨的是母亲。母亲虽然从未关心过他的生活，但却从未停止过用"善意"的忠告和眼泪婆娑的苛责去压迫他，这成了他心灵上无法摆脱的阴影。他曾再三去信恳求母亲宽恕，称自己是"可爱听话的儿子"，但从未取得些许效果。

母亲在他的心目中，除了白眼、呵斥、冷酷和虐待以外，没有其他任何能使他感到温暖得到慰藉的东西。哪怕是一星半点。

所有这些，使这个年幼的孩子身心受到严重的创伤，最终使小巴尔扎克得了神经衰弱症，再也无法坚持学业。因此，在巴尔扎克刚读到中级班时，校方就再三地催促他的家人将他接走。就这样，巴尔扎克像个刑满释放的小囚徒，被父母接回到家中。

这一年，他 14 岁。不算出生的话，巴尔扎克这是第一次看到自己的家，第一次和爸爸、妈妈、妹妹生活在一起。

● "朽木不可雕"

巴尔扎克变了,完全变了,包括他的外表和内心世界。

7年前,他身体健壮,圆滚滚的身子,粉红可爱的脸蛋,加之面团团一样的好脾气,人见人爱;7年前,他饱受大自然的熏陶,无忧无虑,无拘无束。可现在,他粉红的胖脸蛋苍白了,枯槁了,更显其大的眼睛常常透出恐怖惊慌的神态,原先胖胖的身体消瘦了,瘦得只剩下一副骨头架子。

回到家里,外祖母一见他就不禁惊呼起来:"上帝,瞧他们把孩子折磨成什么样子了!"尽管是在自己家里,他也依然有种仍在教会学校的恍惚感觉。

他走路很慢,像盲人一样地摸索着。

家里人同他说话,他好像什么都听不见。只要没事,他一天到晚,总是傻呆呆地坐在屋子里。

一天早晨,他洗过脸后,摸摸索索地走到妹妹面前,久久地站在那里一动不动。妹妹吓得直喊妈妈。

原来,他把妹妹当成了学校里梳头的嬷嬷。

这样一副样子,刻薄的母亲当然越发看不惯他,在训斥与责骂中休息了不到半年的时间,为了弥补他所受到的教育上的不足,他又被送去了都尔城的一所中学。

在那里他的遭遇并不比在教会学校好到哪里去。

直到1814年底,他的家庭随父亲迁往巴黎,他就又转进了巴黎的一所寄宿制学校。

但无论父母怎样频繁地给他转换学校,巴尔扎克都不能取得让他们略微感到满意的成绩。

但他们并不因此而放弃努力。

母亲又生出一个怪念头。她想利用儿子渴望家庭温暖的心理，采取允许他回家的办法，激励他考出好成绩。

这一天，母亲温存地把他叫到自己屋里。巴尔扎克生来第一次看到了妈妈的笑容。

"巴尔扎克，我和你父亲商量过了，从到新的学校起，同意你每个礼拜回一趟家。我们一起吃顿午饭和晚饭，并且可以交谈，彼此说说各样的事情，你说好吗？"

17岁的巴尔扎克听到母亲这样说，感到非常惊讶，因为母亲以前从来没有这样对他说过，尤其难得的是母亲那温柔的话语甚至使他感到受宠若惊。为此，他有点感谢母亲了。

"巴尔扎克，妈妈在同你讲话，请回答。"母亲催促了一下走神了的儿子，话语中浸透着"有教养"的语调，她总是忘不了摆一摆贵夫人的姿态。

"太好了！妈妈，我真的能回家了？"巴尔扎克本来生性活泼，只是由于周围环境所迫和遭受的压抑太重，才不得已收藏起了本来性格。

今天见到母亲初露笑脸，又恩准他回家，他简直想欢呼雀跃了。

他情不自禁地站起身，上前托住了母亲的手。

"坐到你的位子上去。"母亲绷起了脸孔，提醒着儿子，

"我们可是有教养的人家。"

"但是……"妈妈的语气开始转折,"准许回家是有条件的,你必须做个优等生,每次回家,必须拿回一张本周小测验第一名的成绩单给我。否则,不仅不许回家,假期也要在学校过!"兜了一大圈儿,最后才是母亲的真正意图。

巴尔扎克刚刚复苏的心灵好似被迎头泼了一盆冷水倏地又冷却了。

他知道,凭自己对所学课程的厌倦心理和自己目前所掌握知识的情况,无论如何也是考不出好成绩的。

唉,听天由命吧,任母亲随意怎么办,反正遭受的折磨已经够多的了。

他心里嘀咕着,点了点头,默认了母亲的条件。

周末到了,巴尔扎克很自觉,他没有回家,因为他实在考不出好成绩。

时间过得真快,期末考试到来了,这次考试巴尔扎克虽不再是全班倒数第一,也前进了一小步,但这距父母的要求实在太远了,因此巴尔扎克又只能在学校里过假期了。

过圣诞节了,同学们都回家了。巴尔扎克独自一人,坐在空荡荡的教室里,望着远处的天空发呆。好在他习惯了。

一直不为学校所认可,更得不到他渴望的来自父母的亲情与理解,巴尔扎克就这样走过了他的童年与少年时代,告别了中学校舍。

1816 年下半年他进入了大学。

◎ 走哪条路

在大学里经过两年的刻苦努力，巴尔扎克取得了法学系的学位。在未来职业的选择上，巴尔扎克本人是没什么自主权的。

照例结束寄宿中学的学业，是巴尔扎克被奴役的日子的结束，自由的曙光就在前头，他第一次有可能去做自己愿意做的事，去攻读自己心爱的书籍。然而父母的意志仍然强加在这个年轻人身上。

不但要入大学攻读法学系，而且课余时间还得按他们的意愿，"为准备自己将来的生计"到一家律师事务所去干活。

按照父母的逻辑，巴尔扎克已置身于正途，获得学位后可在律师事务所担任助手的职务，一年一年地勤勉干下去，娶一位有地位的阔人家的女儿成婚，安居乐业，总有一天会成为社会的表率，在上层社会有一席之地。

那时，他那削尖脑袋想进入上流社会的父亲会笑得更为爽朗，他那神经质而又精于理财的母亲则会满脸光彩。幸运的是，随着年龄的增长，巴尔扎克的自我意识也日益增强。

多年来在家庭与学校一直被压抑着的反抗情绪，终于在20岁那年总爆发了。

"我的前程由我自己选定，决不为父母所左右！"

一天，巴尔扎克突然从公证人事务所的凳子上跳了起来，一手推开堆积案头的卷宗文件，语气坚定地宣告，他无论如何不会去做公证人、律师或法官，他决意要成为一个作家，凭自己的作品去获得独立自主,获得金钱和荣誉。

20 岁的巴尔扎克有生以来第一次抬起了他的头。这对长期习惯于专制命令的父母,实在是个突如其来的沉重打击。

儿子居然要放弃一个现成的有保障的职业,而想去献身于一项靠不住的手艺!

他们觉得太不可思议了。

在他们看来,文学是奢侈品,只适合于豪富人家的子女去耗费过剩的精力,当时的夏多布里昂、维尼、拉马丁、雨果等等大诗人、大作家无一不是如此。而他们仅是个中等家庭,并且他们压根儿不相信巴尔扎克具备什么才华,何况当时正值父亲减薪,迫不得已把家搬出了巴黎市区的住宅,迁居到了 20 公里以外的郊区。本来他们满心以为巴尔扎克从此

可以不再依靠他们供养,然而他却在宣布决定的同时,提出了提供资助的要求。

这让他们怎么能答应呢?

"作家,作家,那也是我们这种家庭成员干的职业?"母亲的目光斜视着,充满蔑视。

"作家有可靠的收入吗?作家有荣耀的地位吗?"

"作家有作家的追求。"巴尔扎克辩解道。

"什么追求?"母亲咄咄逼人,

"不错,伯爵家的公子可以当作家,大将军的少爷也可以当作家,那是因为他们有花不完的钱,有住不完的房子,有不知如何打发时光的忧愁。告诉你吧,那不是追求,是消遣,是纨绔子弟们解闷的玩意儿。"

母亲不愧有深厚的文学修养,一番话说出来,很有几分分量。

这也许是和她当年的家庭地位有关。当初,她就是这么认为的,可今天,她的蠢儿子居然异想天开,要把写作当作养家糊口的职业。

看来非得好好教训教训他不可。

"都20岁了,你也读了十几年的书,你写过像样的作文吗?发表过作品吗?当作家?你凭什么?就凭你考全班倒数第一名的成绩?趁早死了那份心吧!"

说完,母亲一甩手,去了另一个房间。"咣!"巨大的碰门声给母子谈话画了一个句号。

"妖精!怪物!"巴尔扎克气愤极了,冲着紧闭的房门大声吼叫:"我就是要当作家,当伟大的作家,让全世界来作证吧!"吼完,拉开门,向外面跑去。

不知什么时候,外面已是细雨霏霏。巴尔扎克什么也没有感觉到,闷头向雨中冲去。

由于对儿子的气愤,巴尔扎克的母亲一晚上也未睡好。天大亮了,她还躺在床上生闷气。"咚咚咚"有人敲门,老巴尔扎克起身打开门,只见儿子领着外祖母站在门外,老太太是来做说客的。

本来,她也不同意外孙这样毫无把握的选择,可看到巴尔扎克冒雨从家中跑出来,大有不达目的誓不还家的气概,又怕万一发生意外。

另外,老人家也知道,二十年了,女儿对这个外孙有许多不近人情之举。所以,便答应来替外孙求情。

又经过多日的争议,以及亲朋好友的劝说,母亲在突然坚强起来的儿子面前让步了。

但是,她要求全家人作证,与儿子立一份"合同",上边这样写着:

奥瑙利·巴尔扎克自动放弃舒适体面的律师不做,妄想当作家。经全家人调停,萨郎比那罗尔·莎洛特·安娜同意给儿子两年试验期,并提供每天4法郎的生活费用,两年以后,奥瑙利·巴尔扎克尚未成为伟大而著名的作家,必须无条件地回到律师事务所。空口无凭,立此合同。

1819 年 4 月 20 日

母子双方分别在合同上按上了自己的印章。

合同虽然已经签订,母亲却依旧十二分的不甘心。她立即采取了两项措施。

首先是为了掩人耳目,瞒住真相,她向亲友们散布了一个谎言,说巴尔扎克由于健康上的原因,将去南方一个表兄弟家暂住。

第二项措施是为了促使儿子因挨冻受饿而改变主意,她陪着巴尔扎克到巴黎,替他租下一间房子。

这是一个即使在巴黎的穷街陋巷里也十分罕见的房间。

它是莱迪盖尔街9号5层楼上的一间阁楼，房门已经损坏，露着瓦缝的房顶几乎斜到地板上，室内黑暗而散发着恶臭，冬天冰冷而夏天闷热。

租下房子后，母亲又从家里的杂物堆积间里捡出一张硬而平的床、一张蒙着破碎皮革的橡木小桌和两把旧椅子，供儿子使用。

巴尔扎克请求给租一架小钢琴，被她严词拒绝。

巴尔扎克对母亲的行为并不介意，而是由衷地庆幸自己获得了自由，拥有了一个属于自己的天地。别看它仅是间极其简陋的斗室，巴尔扎克将要在这里迈出通往理想彼岸的第一步！

◉ 不成功的处女作

新生活在贫困中开始了，巴尔扎克必须为每一分钱而精打细算，有时还得饿上一两顿。

对于来自生活的磨难，巴尔扎克是有过思想准备的，凭着他倔犟的个性，咬咬牙就挺过去了。

唯一使他感到艰难的是文学题材和文学样式的选择。

应该以什么作为描写对象？什么艺术形式最适宜包容自己的思想？长篇小说？悲剧？抑或喜剧？这些问题才是他倾

注心血去考虑与探索的。

一边不停顿地思索着，一边贪婪地阅读大师们的杰作来拓宽自己的思路，寻求启迪。

巴尔扎克想，也许该从悲剧起步，像法兰西伟大的作家高乃依、拉辛一样。

于是，阿斯纳尔图书馆里，多了一个不知疲倦的读者。

每天他一大早进馆，一头扎进书堆当中，直到傍晚闭馆之前。

图书馆馆长渐渐注意到了这位每天最后一个离开的书迷，知道了他叫巴尔扎克，并向他发出了邀请。

原来这位馆长是一个文学社团的领导人，这个社团里云集了一批当时的名流，定期在馆长家的客厅举行活动。

巴尔扎克此时如饥似渴地读书，目的非常明确，一是为了寻找一个创作的选题，二是为了学习作家们的写作技巧。

馆长的盛情邀请，正合他的心意。

但转念一想，参加活动的全是些巴黎社会的体面人物，而自己不仅没名没分，而且连一身像样的衣服都没有。

如果贸然赴约，岂不自讨没趣？因此他只好放弃了这一机会。

他不由自主地在阁楼的老虎窗口的眺望中，关注起那些穿着打扮跟他一般无二的人们来了。

他觉得自己跟他们没有什么隔阂，而观察他们的生活和性格，不也是一种研究吗？

于是,他就下意识地让自己混到街上的穷苦人中间去了。

有时,在深夜,他偶然碰到从低等剧院散场出来的工人夫妇,他就恬然自得地跟随他们一路走去,旁听他们的谈吐。

于是,他开始着手以 17 世纪英国资产阶级的领袖人物为描写对象,创作诗体悲剧《克伦威尔》。

巴尔扎克怀着忐忑不安的心情迎接着众人的"审判"。

那一天,巴尔扎克父母的住处,挤满了亲戚朋友,客人中还有一位稍具名气的诗人。

大家带着好奇与希望,准备聆听年轻诗人的剧作。巴尔扎克卖力地读着诗句,众人吃力地听着。整整持续了 4 个小时,客厅里的气氛由开始时的高昂兴奋,渐渐地沉闷与乏味起来,当巴尔扎克终于气喘吁吁地念完之后,大家似乎都有某种解脱感。

显然，这不是一部吸引人的诗剧，不是一部成功的处女作。

不久，那位诗人毫不隐讳地写信给老巴尔扎克："令郎可以尝试各种职业，就是不要搞文学。"

这是一道多么可怕的"判决"！

老巴尔扎克把信转交给儿子，劝他收回狂妄的写作之心。

但巴尔扎克拒绝妥协而坚持他的合同。

和母亲订的契约上的两年试验时间，还剩下一整年时间才期满，他要充分地利用它。

他怀着锲而不舍的精神，又回到那间"囚室"中去了。

◎ 十年挣扎

巴尔扎克从来就不是一个悲观主义者。处女作遭"枪毙",他另起炉灶,重新开始。

诗句难以雕琢,就用散文笔法写;不善于构建戏剧,就写作小说。

卖文为生的日子是清苦的。父母给他提供的费用连最低的生活标准都难以达到,而且眼见着期限就要到了。

这位可怜的未来作家从拿起笔的一瞬间开始就时时处于危机感之中,他还常提心吊胆地害怕善变的母亲指不定哪天会突然中止供给,勒令他重新坐到律师事务所的板凳上去,打破他的作家梦。

不行! 不能再这么被动地生活下去了,即使为了自信,也得自谋生计。

巴尔扎克第一次想到了挣钱。

这时巴尔扎克交结了一位同样年轻的市侩文人,此人已拼凑出一两本流行小说,与书商有些交往,现在正在物色一位有才气的需要金钱的合作者,来共同"制造"应景小说,以便多出书,快赚钱。

他与巴尔扎克一拍即合,两人共同从事文学投机生意。他们合作的第一部长篇小说名为《毕拉格的女继承人》,换来了800法郎。

这是巴尔扎克有生以来的第一笔收入,也是他的文字第一次印刷成书,然而,一直想出名的他却没有署上真实姓名,而是化名为"罗纳勋爵"。

写流行小说决不是他的初衷,而要在严肃的文学道路上走下去,就不得不在经济上独立。

从 1822 年到 1825 年,巴尔扎克用化名写了十几部长篇小说。

然而,这种"可憎的方法"并未能使他致富和独立。巴尔扎克决不是经商之才。

他苦心经营了一年多,出了莫里哀和拉·封丹的全集袖珍本,而且亲自作序,还出钱请人画了精美的插图。初版印刷了 1000 本却只卖了 20 本不到,原指望能获取大笔收入,结果是净赔了 9000 法郎。

巴尔扎克的倔脾气是不撞南墙不回头,他并没有从这倒霉的生意中清醒过来,激流勇退,相反还不服输,又盘下了印刷厂和铸字厂,由于不善经营,不久就倒闭了。

到了 1828 年,巴尔扎克负债数字已高达近万法郎,数目之大,大概与他原来想获得的财富的数量之多成正比。

1828 年 4 月以后,巴尔扎克在债务缠身的情况下又重新拿起了笔。

早在两年前,巴尔扎克就有个创作构思:根据拿破仑时代朱安党人叛乱的事件为题材,写一部长篇小说。这部小说以反复被修改、琢磨,直至 1829 年春天才最后定稿,取名为《最后一个朱安党人》。

在书的正中,他工整地署上了自己的真实姓名:奥瑙利·巴尔扎克。直到逝世,巴尔扎克从来都只承认,这才是他真正的处女作。

《人间喜剧》的序幕由此拉开。

◉ 高度浓缩的二十年

30 岁时,文学家巴尔扎克终于真正地"立"起来了。

《最后一个朱安党人》是他迈向文坛的有力的第一步。

虽然没有立即蜚声文坛,但他获得了应有的声誉,被社会接纳了。

此后,他进入了创作的丰收季节,这一黄金季节竟不间断地持续了 20 年! 90 多部的《人间喜剧》,如果单论数量,不止一位大作家可以超过他,但如果着眼于生命的密度与创作的浓度,有几人能与他媲美?

巴尔扎克活得不长,用于创作的岁月更短,即使是后面的 20 年时间,因为生计难以保障,他还常常为此奔波占去了不少时光;此外,他还是一个比较爱虚荣的人,在追逐女人等方面费去不少精力。

我们并不是苛求巴尔扎克没有像清教徒般投入写作,只是他为了"享受生活中花团锦簇的喜悦"常常不能量入为出、考虑后果,耗去了许多宝贵的年华。

即便如此,巴尔扎克仍然构筑起一座无与伦比的"文学大厦"。

这大厦上的每块砖瓦都被作者不止一次地修整过、润泽过。

几乎每部作品从起草到付印,都不止一遍地修改过,有的出版了,再版时又润色一遍。

用呕心沥血来形容巴尔扎克的写作状况一点也不夸张。

《人间喜剧》是由汗水与心血浇铸而成的,90多部中的大多数堪称第一流的杰作。

◉ 巴尔扎克的"四件宝"

巴尔扎克一生有"四件宝"。这"四件宝"不仅是他创作一部部传世之作的必备品,须臾离开不得,而且也成了紧紧伴随他一生写作生涯的好伴侣。

白袍子是巴尔扎克自我设计的一件"写作服"。

样式很不讲究,宽松自由是其最突出的特征。

宽松之处,装得下两个胖大身材的巴尔扎克,长过脚跟像中国古代舞女的长裙,领口处敞开一个大大的圆洞,夏天可透气,冬天也不至于让胸口外露,腰间,系一条编织的带子,带子上面,悬挂着一柄裁纸刀和一把剪子,用以修改、剪贴文章。

袍子是白颜色的,一式两件:冬天用温暖的羊皮做成,夏天用薄的汗布做成。

子夜,他写作间的窗帘拉住以后,室内弥漫着明亮的烛光。

巴尔扎克郑重其事地换上了白袍子,在屋地上踱步,做着写作前的准备工作。

　　宽大的袍子好像僧侣的袈裟,腰间悬挂的零碎,又宛如神甫胸前的十字架。

　　这效果,也恰是巴尔扎克为自己设计"写作服"的故意追求:子夜时分,万籁俱寂,一幕窗帘仿佛隔绝了他与外界的联系,将以"笔锋竟其业"的巴尔扎克,必须像苦苦修行的僧侣一样,在一个完全忘我的世界里磨炼自己。

　　后来,许多著名画家在为已成为世界文学巨人的巴尔扎克画像时,都让他穿上那件自我设计的"工作服"。

　　半夜里,阿果多斯被一阵叮叮当当的声音震醒了。他急急忙忙地跳下床,跑到主人面前。他看见,主人巴尔扎克正站在放咖啡的桌子前,一手端着只咖啡壶,一手握着把勺子,勺子在咖啡壶里起劲地捣着。看到阿果多斯进来了,巴尔扎克把勺子捣得更响,眼珠瞪得比勺子头还大,他冲着阿果多斯大声咆哮着:"黑咖啡!黑咖啡!我的黑咖啡没有了,我的力量没有了。你为什么不提前告诉我?"

　　"咖啡的事情,你是从来不让我插手的。"阿果多斯小声辩解着。

　　"是吗?我说过吗?我即便是说过,可你也应该提醒我呀!难道你还不知道,那就是我的小说,我的事业,我的——咳!"巴尔扎克语无伦次地吼叫着,像个犯了毒瘾的病人。

"叫车,马上叫车! 我现在就要去买!"他向阿果多斯催促着。

这个让巴尔扎克着魔上瘾的黑咖啡,实际上是他自制的一种饮料,有着极强的刺激性。

一旦写作起来,巴尔扎克十几个钟头不休息,不吃饭,全凭这种东西提神。

眼下,写作的关键时刻没有了黑咖啡,他怎能不去喊去叫呢。

马车来了,他急匆匆地跨上去,喊了一声:"快! 到蒙特布朗街!"然后半蹲半坐着,眼睛直愣愣地瞪着前方。

到蒙特布朗街只是买配制原料的一种。巴尔扎克对待自制的黑咖啡,就像炼丹道士炼丹一样虔诚。

他配制的黑咖啡，一定要用够三种原料：布尔崩、马尔丁尼克和摩沙，而且一定要做到：买布尔崩到蒙特布朗街；买马尔丁尼克到老奥得莱街；买摩沙到圣日耳曼的大学街。原料备齐后，他亲自把它们研碎，再酿成机器油一样的浓黑液体。

每到连续写作五六个小时以后，他便喝上一阵，然后觉得精神大振，灵感顿开。

法国有位统计学家做过统计，巴尔扎克一生大约喝下了5万杯自制的黑咖啡。

巴尔扎克又要搬家了。他把所有的用品都装进两个旅行箱里，交给仆人扛上车。

然后，他缓缓地走到一张橡木小桌前，轻轻地搬起来，小心翼翼地向门外走去。

连巴尔扎克自己都记不清，他一生搬了多少次家。但是，他清楚地记得，甭管搬多少次家，什么东西都可以扔掉，唯独这小木桌不能抛弃，并且，都是他亲自搬着上车。

巴尔扎克都已经成为知名大作家了，但是，他写作从不用写字台。

只要看到他往小木桌前一坐，十几个钟头就相随着过去了，一部传世之作也就问世了。

巴尔扎克和小方桌的感情太深了，那简直是他无声的宠物。

从莱斯堤尼尔街的顶屋陋室起，这个无声的宠物就一直陪伴他，记下了他的辛苦与磨难，欣喜与哀伤。

难怪，他逝世以后，这不起眼的小方桌，竟被拍卖出惊人的价格。

还有一件东西，既是小方桌形影不离的亲密伙伴，也是巴尔扎克的心爱之物——一个大大方方的墨水池。

这是个不能再普通了的墨水池，这又是个不能再特殊了的墨水池。

巴尔扎克清清楚楚地记得，要去旺多姆上学了，奶妈领着他最后一次来到村外的溪流旁。

奶妈挑挑捡捡了一阵子，把一块晶莹的大石头举在手里，说要给他做一个漂亮的墨水池。

回到家里，他偎在奶妈的身边，看着奶妈凿啊、磨啊，最后，果然做成了一个硕大的墨水池。

奶妈像叮嘱一个调皮孩子似的说道："巴尔扎克，你看，多么大的墨水池啊，就是你不小心打翻了，剩个根儿也够你再用一天的。"

"妈妈，要是我不打翻，一池墨水够我用一年的吧?"小巴尔扎克天真地说。当然再大的墨水池也不可能用一年。

但是，若干年后，一写十多个钟头的巴尔扎克，从来没有因为墨水少了而中断写作思路。

这个几乎和巴尔扎克同龄的墨水池，也伴随了主人的一生。

◉ 最后时刻

巴尔扎克一生都过着苦行僧式的生活。然而,他绝不是禁欲主义者。

他在从事艰苦卓绝的文学创作的同时,常常诱发出对金钱、名誉和爱情的憧憬。

45 岁时,他在金钱和名誉上遭受过一连串的打击之后,又着魔似的爱上了一位名叫寒斯卡的俄罗斯贵夫人。

寒斯卡的丈夫是个伯爵,家中极端地富有。寒斯卡本人生性自私,又图慕虚荣。

她之所以对巴尔扎克感兴趣,完全是因为钱多得发愁,想用巴尔扎克的盛名来炫耀一下自己,以填补空虚的灵魂。

况且,她的丈夫大她 20 多岁,他们之间根本没有真正的感情。

而巴尔扎克却动了真情,一直追了 5 年,直到寒斯卡的丈夫去世。

5 年之后,一个寒冷的冬天,凛冽的北风把成排的梧桐树剥得只剩下光秃秃的树枝,河面上结起了厚厚的冰层。

在福禄街巴尔扎克的住所里,拿克加尔大夫正在同巴尔扎克展开激烈的争论:

"巴尔扎克,你难道不知道你的身体状况吗?"

"可爱的大夫,你难道也不理解我的心情吗?"

两人针锋相对地争执着。

"巴尔扎克,你无论如何也不能去俄罗斯!"

"不!我无论如何也要去俄罗斯!"

"你的身体非常糟糕。严重的肺病已经侵害了你的心脏,你的身体像婴儿一样的脆弱,西伯利亚的寒风会给你带来更恶劣的结果。"

"我的精神更加糟糕。这个丑恶的社会令我窒息,尔虞我诈的人们伤害了我的每一根神经。我就是要远离他们。我相信,爱情之火会帮助我战胜任何寒冷的!"这一年,巴尔扎克已经 50 岁了,身体状况非常不好。他已经 8 个月不能坚持写作,那件珍爱的白袍子"写作服"也早已束之高阁,宏伟的创作计划也只有在脑海里酝酿了。

他整天关在屋里,病稍微轻了点,就下床走走;重了,只好卧床休息。

仆人阿果多斯尽量把壁炉烧得热气腾腾,但是,他依然觉得浑身冰凉。

不能写作的痛苦,经济上、政治上的惆怅,人世间的冷酷,桩桩件件,都如同室外的阵阵寒流,冻结着他那颗多病的心。

他只能又一次地生起幻想,希望爱情给他带来温暖,复苏他的心灵,健壮他的肌体。

壁炉一直热气腾腾地燃烧。拿克加尔大夫的一番苦口婆心,尽管如壁炉般的火热,但是,还是没有阻止巴尔扎克一意孤行的念头。拿克加尔大夫只好连连地摇头。

正月里,零下 28 摄氏度的高寒,把俄罗斯的土地冻得裂开了 20 多公分。

在那呵气都能冻成冰的日子里,已病入膏肓的巴尔扎克在两位德国医生的陪伴下,凭着美好幻想的支撑,来到了俄罗斯的维埃曹尼亚,来向那个自私的贵夫人求婚。

寒斯卡得到仆人的报告,慢慢悠悠地踱出客厅,来到大门口。当她一看到巴尔扎克时,突然一个愣怔,不由自主地倒吸了一口凉气。

记忆中,巴尔扎克那白白胖胖泛着红光的面容不见了,浓重的青紫色布满枯槁的脸庞,两腮塌陷,一对颧骨醒目地凸着。

身上裹着初次到这里来时她送给他的那件黑皮大衣,像只一个星期都没有找到食物的狗熊,身体在不断地抖动着,随时都有倒下来的可能……

看到寒斯卡,巴尔扎克的眼睛赫然放出了光芒,他想急走几步,握住她的手。

但是,身体抖动得越发厉害,两条腿直打战,怎么也迈不开步。他想热情地说上几句话,可是,惯于调侃幽默的那张大嘴,也随着身体直哆嗦,就是说不出半句话。

看到这情景,本来对他并不经意的寒斯卡此时也生出了几分怜意，她吩咐仆人："快！赶快把巴尔扎克先生扶进屋去！"稍顿，又冲着仆人的背影嚷道："记着，再做些吃的。"

巴尔扎克在仆人和医生的照料下，吃过饭和药，倒在床上便睡下了，一下子就昏睡了两天两夜。

这两天里，除了仆人和医生的照料，寒斯卡很少来过。

这天下午，从昏睡中刚刚醒过来的巴尔扎克喝了几口水之后，说想要见见寒斯卡。

仆人赶快去告诉了寒斯卡。

她依然是慢慢悠悠地走进房间，又吩咐仆人搬过一把椅子；在与床上的巴尔扎克保持一定距离的地方坐下来。

寒斯卡刚一进屋，巴尔扎克一阵激动，挣扎着探起身子，但看到寒斯卡已经远远地坐下，他马上又像只泄了气的皮球，无力地躺下了。

"巴尔扎克，你这是何苦来嘛！大冷天拖着个病身子来回地跑。"寒斯卡没有任何问候，便直通通地指责起巴尔扎克。不过还好，她总算当面称他巴尔扎克。

实际上，她在背后对别人讲起巴尔扎克来，总是称他"那玩意儿"。

"艾芙林娜，"巴尔扎克亲切地称呼她："听到你丈夫去世的消息，你不知道我有多么兴奋。噢，对不起，我不是诅咒他，我是想起来你曾经答应过我,等到你的丈夫去世以后,就嫁给我。这一天我终于盼到了!"

巴尔扎克很激动,也很虔诚,一连串的话语之后,禁不住反复地咳嗽起来。

寒斯卡敏感地用手捂住嘴和鼻子,身子微微后倾,慢条斯理地说道:"是啊,我是答应过的。可你看看现在你的身体。嗯!还有,在我未嫁给你之前,你总得买套房子吧。我可是听说,你为了躲债,连个自己的窝都没有。"

"不是的!"巴尔扎克又一阵激动,竟然"腾"的坐了起来。"我早已在巴黎为你买下了最好的房了,内部装饰全是仿照凡尔赛宫来的。"

他说的是实话。忠于感情又爱慕虚荣的巴尔扎克,后来写书赚来的钱,没有用于还债,而是全部用在了买房和装修上,足足花了30万法郎。但是这所豪华的房子,很少有人知道。

又是一阵剧烈的咳嗽之后，他又说："不要紧，我的身体很快就会好的！特别是有你的陪伴，我坚信，伟大的爱会战胜一切病魔！"

寒斯卡没做任何反应。

"艾芙林娜，答应我，请接受我衷心的祈求，我们结婚吧。不然我会伤心死的。"巴尔扎克真想使劲握住寒斯卡的手来苦苦相求，但可惜，他够不着。

一个月过去了。只要寒斯卡来看他，巴尔扎克总要向她求婚。

寒斯卡终于动了恻隐之心，她答应了他。但绝不是因为巴尔扎克的虔诚。

她担心就巴尔扎克那副病样子，再受点什么刺激，一旦死在她的庄园里怎么办？她可以不把他当回事，可他毕竟是全欧洲有名的大作家啊！

很快，寒斯卡和巴尔扎克在附近的教堂里，悄悄地举行了婚礼，然后共同回到巴黎。

回来的路上，巴尔扎克紧紧地靠在寒斯卡身上。车轮在坎坷不平的山道上颠簸，他迷迷糊糊地睡着了，做着美好的梦。

他梦见，自己坐在那所精心布置的书房里，构思着《人间喜剧》的后 50 部小说。

寒斯卡,不,是他的艾芙林娜,温存地陪伴着他,为他穿好"白袍子";

为他准备好大鹅钢笔;

为他在大墨水池里注满墨水;

为他调制好黑咖啡……他们幸福地送走一个个长夜,迎来一个个黎明。

一部部撩人之作在巴黎街头被争相购阅……

再美好的梦也终究是梦。巴尔扎克的梦想只能在他的小说中去实现。

一切美好的生活,在现实中,离巴尔扎克太远了。

回到巴黎,巴尔扎克就病倒了,彻底地病倒了。心脏和肺部的病情越来越重,眼睛已完全失明,听力也明显地下降,可他的艾芙林娜却一天也不肯守护着他。

这个冷酷无情的女人整天在贵人家的沙龙里转悠,甚至拿这样的话在众人面前说她的新婚丈夫:"'那玩意儿'比什么时候身体都坏,他已经不能够走路,浑身都在痛苦地痉挛着。"

说完,还不屑一顾地莞尔一笑,一副漫不经心的样子。

一个令人难忘的夜晚,月亮慢慢地透过云层,发出冷冷的光亮,照在巴尔扎克卧室的床上。

床头,一支蜡烛已经燃到尽头,闪着微弱的光亮,一块块的蜡油,像大串大串的泪滴,散落在桌子上。巴尔扎克躺在床上,痛苦地呻吟着。

他的心脏在微弱地跳动着,胸腔里已满是积水,他的左腿在回巴黎的路上不小心碰伤,由于治疗不及时,已经化脓生蛆,无数个白白的"小动物"在脓水里蠕动着。

医生们已经停止了对他的救治,无奈地离去,而他的新婚夫人也早已回到自己的房里去了。

昏暗的烛光下,只有一个女仆,左手端着一只小盘子,右手握一把小镊子,一个一个地为他驱逐着蛆虫……

忽然,门铃响了起来。女仆走出去。原来,雨果、珠尔玛和巴尔扎克的妹妹罗尔得知消息后,匆匆忙忙赶来了。

他们不顾屋子里呛人的气味,急步走到床前,雨果掀开被子,紧握住巴尔扎克的手。

巴尔扎克手上满是汗水,在不停地抖动,可任凭雨果怎么使劲,他都没有反应。

"巴尔扎克,巴尔扎克……"三人接连不断地低声喊他,可他的眼睛始终紧紧地闭着,没有睁开,他的耳朵已经什么都听不见了。

雨果他们停止了呼喊,每个人的眼窝都阵阵发热,鼻子酸楚楚的,咽喉仿佛被什么东西卡住了似的……

他们一切都明白了。珠尔玛和罗尔禁不住哭出了声。

稍顷,母亲也赶来了。

1850 年 8 月 17 日夜 10 点 30 分,享誉全欧洲的大作家巴尔扎克离开了人间。

　　葬礼定于 8 月 22 日举行。这天的巴黎,乌云低垂,细雨霏霏。

　　为巴尔扎克送葬的行列蜿蜒在林荫大道上,缓缓地从菲利普·德·罗尔教堂向着拉雪兹神甫公墓进发。

　　在队列的前头,巴尔扎克的棺枢覆盖着黑色的布幔,4 位当代名人执着枢幔的飘带。

　　他们是第二共和国内务部长巴洛什、评论家圣·勃夫、作家大仲马和维克多·雨果。

　　“伟大的文学天才巴尔扎克去世了,”维克多·雨果语气哽咽的悼词声回荡在墓场高地的上空:“巴尔扎克先生属于拿破仑之后 19 世纪强大的作家一代。

　　“他是最伟大、最优秀的人物中的一个……他目标始终如一,与现代社会拼死搏斗,如今,他安息了,他走出了纷扰与仇恨,而他走入坟墓的同时,也就步入了永恒的光荣。

　　“从今以后,他将与我们祖国的明星一道,闪烁于万里九霄……”